本科大类培养十年实践

靳诺

学校领导关怀与支持

校党委书记靳诺调研人才培养与队伍建设

校长刘伟莅临本科生报到现场

校领导与信息学院新老班子合影

教学团队与课程建设

教学理念、教学方式与课程建设研讨会

学科建设与人才培养研讨会

数学建模竞赛辅导培训体系建设研讨会

国家优秀教材《数据库系统概论》

王珊获"国家教学名师"称号

"数据库系统概论"课程入选首批国家级精品在线开放课程

能力培养体系建设

校友企业行之参观微软亚洲研究院

ACM 队员参加世界总决赛

“科技文化周”人工智能特色展示

哈佛大学丘成桐教授做学术报告

萨师煊国际大数据分析与管理夏令营

“学院开放日”学术交流活动

成长指导体系建设

信息学院为优秀学生设立萨师煊精英基金

学院代表团看望选送攻读博士的毕业生

信息学子赴澳大利亚访问交流

信息学院 2009 级理科试验班全体毕业生合影

中国人民大学信息学院　主编

中国人民大学信息学院
本科大类培养体系的改革与实践
2009-2018

清华大学出版社
北京

内 容 简 介

中国人民大学信息学院结合信息和数学两大学科发展趋势及其强交叉综合发展的特点，面向人才培养提出的新需求，全面构建、实施了“打通专业、自助培养、组合专业、复合学位”的大类培养体系机制。本书围绕中国人民大学信息学院2009—2018年本科人才培养改革探索的历程，详细展现了本科大类培养的课程体系、能力培养体系、成长指导体系、管理与服务体系，为相关学科创新人才培养与管理服务提供参考借鉴。

图书在版编目(CIP)数据

中国人民大学信息学院本科大类培养体系的改革与实践（2009—2018）/中国人民大学信息学院主编. —北京：—清华大学出版社，2018（2018.11 重印）
ISBN 978-7-302-51251-6

Ⅰ. ①中… Ⅱ. ①中… Ⅲ. ①中国人民大学信息学院—人才培养—研究 Ⅳ. ①G649.2

中国版本图书馆CIP数据核字(2018)第213831号

责任编辑：谢　琛
封面设计：常雪影
责任校对：徐俊伟
责任印制：丛怀宇

出版发行：清华大学出版社
　网　　址：http://www.tup.com.cn，http://www.wqbook.com
　地　　址：北京清华大学学研大厦A座　**邮　　编**：100084
　社 总 机：010-62770175　**邮　　购**：010-62786544
印 装 者：三河市龙大印装有限公司
经　　销：全国新华书店
开　　本：155mm×230mm　**印张**：15.25　**插页**：4　**字　　数**：201千字
版　　次：2018年11月第1版　**印　　次**：2018年11月第2次印刷
定　　价：49.00元

产品编号：078791-01

序

2018年是中国改革开放40周年，也是中国人民大学复校40周年，同时是我校信息学院创建40周年。1978年万物复苏，百业待兴，以萨师煊教授为代表的老一辈学者，高瞻远瞩，审时度势，瞄准国际前沿和国家社会经济发展需求，创建了人大复校时唯一新建的学系——经济信息管理系，在国内率先将“信息”一词命名为专业名称，最早将数学与信息技术应用在经济管理领域，不断发展壮大为信息学院，可谓“开信息之先河”。

40年来，在中国共产党的领导下，我国坚定不移地推进改革开放，不懈中国特色社会主义建设，不忘初心，砥砺前行；40年来，我校以“人民满意、世界一流”为目标，始终奋进在时代前列，在学科建设、资政服务、人才培养上不断取得新成就，不断巩固和强化自身办学优势和地位；40年来，信息学院把握时代脉搏，响应时代需求，敢为人先，勇于开拓，成为我国计算机学科数据库领域教学和研究的开创者、第一批数量经济学科点单位之一，建设第一个经济科学实验室，不断强化数据科学领域的国内领先地位，不断发展形成数学和信息科学及其与经济管理科学的交叉特色和优势。

新世纪以来，根据社会经济和学科发展的要求，中国人民大学确立了“主干的人文社科、精干的理工科”的学科定位，以“高起点、相关联、入主流、高水平”作为发展思路，积极推进理工学科“跨越式”发展，努力开创学校人才培养新局面。作为学校理工学科的老大哥，为推动我校理工学科建设和发展发挥着引领作用，为推动我校人文社会科学适应时代趋势转型发展发挥支撑作用。信息学院因培养人才而生,更为培养人才而发展,始终把人才培养放在最核心的位置,不断推进人才培养改革和建设,培养了一大批信息和数学学科及其交叉应用领域的杰出人才,同时也为促进我校文理融通,培养具有科学精神、复合创新能力的各学科优秀人才发挥了基础作用。

2009年,在为期4年的广泛调研和全面论证的基础上,信息学院面向信息和数学两大学科的全部专业、全体学生全面实施大类招生和培养,彻底打破专业界限,统一以理科试验班(信息与数学)实施全过程无时点的学生自主分流的大类培养模式,这一培养模式充分体现了"宽口径、厚基础""以学生为中心,充分尊重学生兴趣""分类指导、个性化发展""学科交叉、复合培养"等先进培养理念。这一培养模式不仅是国内"全员性的全过程自主"的大类培养改革开创性探索,更是近年来我校大类培养改革的示范模式,成为我校人才培养工作一道亮丽的风景。近年来学院继续深化和完善人才培养工作,2016年设立"图灵实验班",2017年开设数据科学与大数据技术专业,在实践中不断凝聚共识,促进数学与信息学科的交叉发展,培养卓越的理工融合性复合创新型人才,为我校人才培养改革和创新发挥了引领和示范作用。

回首40年历程,信息学院从艰苦创业、实践探索到逐渐走上良性发展,一代代师生不懈努力,不断取得进步和突破,在各个不同阶段,在学科建设、科学研究和人才培养等不同方面,都取得了不凡的成绩,在国内外都产生了良好影响,为中国人民大学保持和发展优势地位,发挥了独特的推动和支撑作用。这些成绩的取得,离不开学校和社会各界的大力支持,更离不开信息学院全体师生满怀热情和责任的努力拼搏!当此信息学院创建40周年之际,信息技术及其应用正日新月异发展,并广泛深刻推动社会经济变革,信息相关学科迎来良好发展机遇,当前也是国家建设高等教育强国和中国人民大学建设世界一流大学的关键时期,衷心祝愿信息学院乘势奋进，在人才培养、科学研究、队伍建设和提升国际影响力方面再上新高度，再创新辉煌，为早日实现我校建设“人民满意、世界一流”大学的目标贡献更大的力量！

中国人民大学校长 刘伟

2018 年 8 月

目 录

前 言

信息学院本科人才培养模式改革的探索与实践

学院党政联席会议决定，对 2009—2018 年这 10 年中信息学院本科人才培养模式改革的工作进行总结，并编撰一本书向信息学院成立 40 年献礼。学院委托我作为这本书的编委会主任，由于这段时期覆盖了我做院长任期的主要部分，总结和梳理一下整个过程对学院和我个人都很有意义，就欣然同意了这一邀请。

下面我分四个部分来梳理。

一、缘起

我是 2004 年被任命为信息学院常务副院长、2005 年转正为院长的。在思想认识上，我深知本科人才培养在学院工作中的核心地位，但客观上，我之前基本没有认真思考过这个问题，因此，远谈不上对本科教学有什么想法。好在主管本科教学的副院长龙永红老师之前就以院长助理身份管本科教学，有些经验。因此我一开始并没有太关注本科人才培养的事情。之后的几件事情，促使我关注并思考这个问题。

第一件事就是本科招生中遇到了困难。学院各专业的第一志愿率、有志愿率不高，部分学生对专业的热爱度较低，对我院后续的人才培养造成了一定的困难。

之后的几年间，尽管我们为此做了很多的尝试，例如申请对第一志愿者加分录取的政策，请优秀的本科生回高中母校宣讲等。我们也试图通过强化学生工作队伍，加强学生的引导和管理，开展以热爱学院、热爱专业为主题的活动，提升教师的科研水平，促进本科生进实验室，与其他学院联合举办双学位班(数学-经济学，数学-金融学)，与国外大学签订学生交换协议，向国外大学推荐保送研究生等一系列办法，希望改变那些原本不喜欢本专业的学生能改变初衷，喜欢上自己的专业。事实证明，对于那些没有兴趣学习本专业的同学效果不大。

经过调查分析，我们发现用出口多样性吸引考生报考可能是最有效的办法。例如，在目前的三个专业中，数学专业的第一志愿录取率是相对最高的，录取平均分也是最高的，究其原因是因为有数学-经济学双学位班的吸引。另外，信息专业与香港城市大学交换生项目，学生报名情况也非常踊跃。

第二件事，来自毕业生的反馈。在每年都组织的毕业十周年活动中，从毕业生返校介绍各自的发展情况看，毕业以后真正“专业对口”的人并不多。这表明，本科教育并不一定要以培养高级专业人才为主要目的，大学教育还是应定位在通识教育，只要具备进一步深入学习所必需的专业基础知识就可以了。正好学校在 2007 年前后开展了通识教育大讨论，引起了我们对教育目的的深入思考。我国的高等教育以前主要是学习苏联模式，强调学以致用，强调专业对口。这在国家发展建设的初级阶段是有效的，能为国家培养急需的人才。特别对于人大，从延安一路走来，骨子里就有这样的基因，是共和国建设者的摇篮。延安时期是培养能带兵打仗的干部，后来是培养国家建设的管理干部。进入到 21 世纪，学校的培养目标已经调整为“国民表率、社会栋梁”，培养有家国情怀的社会精英。从学生的高考分数看，它招收的确实是一批青年俊杰。我们有责任将他们培养成才。因此，学校实施“厚基础、宽口径”的本科教育势在

必行。

说到教育，大家就想到“上课”。是否上好课就是教育的全部了？显然不是。有各种各样关于教育目的的讨论，我的理解是：本科教育的目的在于“培养兴趣、激发潜能、打好基础、提升能力”。前两句话的核心意思是说大学要成为提供学生一个发掘自己兴趣和潜能的最好平台。不要一开始就限制学生的专业和兴趣，让他们有一个宽松的环境，可以通过自己的学习和思考来逐步明确自己喜欢什么，将来想往什么方向去发展。我们都说兴趣是最好的老师，有了兴趣自然就会去努力，即使辛苦也会乐在其中。所以，我们的目的就是要营造一个环境，使得学生在这里能自由地发展，自由地探索未知。打好基础说的是打好某一个学科的基础。我们不指望本科毕业就能成为某个行业的专家，但是要保证他具有成为行业专家的基本素养。而且，通过一个学科知识的学习，掌握再学习的能力。人的发展需要有很多方面的能力，例如判别好坏的能力，分析问题的能力，综合的能力，表达的能力，与人沟通的能力，等等。

人是非常复杂的，我们不可能像工厂生产产品那样，用一套工序来应对所有的学生。我们也不可能像师傅带徒弟那样，毕竟学生的人数很多，而且师傅的知识面也非常有限，难以满足学生的需要。因此，现代大学教育都是通过一套有质量控制的训练程序来确保人才培养的质量的。同时，要充分考虑到人是有主观能动性的，如果发挥学生本人在这个过程中的作用，对于提高人才培养质量也是极其重要的。前一个方面比较容易得到重视，体现在我们的教学计划中，而后一个方面就比较容易被忽视。即使是教学大纲，我们也很少去问一下，为什么要开设这门课，学习这门课的目的是什么？难道仅仅是为了学习后面的课程的一个先修课吗？如何让同学们参与其中，是每个教师都必须认真思考的事情。

是否需要在我们的课程中多增加一些实用课程？我们不是“职

业养成所”,不能将未来同学们的就业状况作为指标来判断我们的教育是否成功。因此,坚决反对在我们的教学计划中纳入过多的“实用性课程”,尽管这些课程能帮助同学们去找工作。

是否需要上那么多的课?知识的灌输在我们的教学计划中有最充分的体现。与国外大学相比较,我们每门课上课的时间是最长的(4 学时/周×18 周=72 学时),有人戏称是“高中型大学”。我们在修订教学计划的时候,学分是紧缺资源,稍不注意就突破上限。即使这样,还经常听老师讲课时太少,来不及。我认为,缩短学期势在必行。改变上课的模式,提高上课的效率,将更多的时间留给学生也是势在必行的。

在这个过程中,我们还了解到北京大学、浙江大学已经开展了不分专业招生,第一年不分专业培养的实践,而且效果很好。宽口径招生在政策上是可行的。

第三件事是,我在那些年还参加了中(国)新(加坡)计算机学院院长论坛,中(国)澳(大利亚)信息学院院长论坛等,有机会到新加坡国立大学以及澳大利亚的 G8 大学(如墨尔本大学、昆士兰大学等)参观学习。了解到国外大学的本科专业不像国内大学分得这么细,比如墨尔本大学只有 8 个本科专业。

记得那段时间,我们经常在党政联席会议上议论这件事情。我将这个想法与大家交流,主管教学的副院长龙永红老师也正有此意,可谓一拍即合。我查了一下会议纪要,2008 年 7 月 8 日第 11 次党政联席会议纪要显示,会议讨论了信息学院本科人才培养体系改革的初步设想:宽入口、多出口、国际化、复合型。在形成完整的方案后报学校批准。后来的事情就比较顺利了,2009 年正式开始实施。“我院实施新的本科招生培养方案”被全院师生票选为 2009 年度十件大事(排名第二),足以说明这件事情得到了全体师生的认同。

二、方案

通过广泛的讨论，逐渐形成了信息学院本科人才培养的新方案，主要思路有以下几点。

措施之一：宽入口，打通专业界限，实行按院招生。

信息学院各专业对数学和计算机都有较高的要求，而且从未来发展的角度看，强化这两个方向的基础有利于今后的择业面。信息学院具备前两年的课程打通教学的条件。

措施之二：多出口，做好出口结构设计。

做好出口设计，在设计出口时充分体现国际化、复合型。鼓励学生本科毕业后进一步深造而不是急于就业。

出口一，短期留学、转换学分。参加与境外大学的学生交换计划，赴境外学习半年到一年(学生海外研修)。或者利用暑期到国外参加英语夏令营等。我们已经与香港城市大学签署了学生互免学费的学生交换合作协议，还举办类似英语夏令营的活动。少部分学生在满足特定条件的情况下可以通过转换学分，继续去国外大学学习，获得对方大学的本科学位；我们与 SUNY Binghamton 大学(全美 top10 大学)签署合作协议，每年可以选派 5 人(3%)左右的学生出国深造。

出口二，获双学位、出国深造。部分项目可同时获得人大和国外大学学位。学生可以选择继续在某一专业学习，用一年的时间完成全部规定的课程学习，第 4 年利用学校政策允许的国外访学的机会，赴国外大学学习，同时完成论文写作。学院将提供毕业论文答辩和毕业手续上的便利，比如派教员赴国外组织学生论文答辩等。在他们不用回国的情况下，授予人大学士学位。这些学生可以用 2 年的时间，获得国外大学的学位。我们与 SUNY Binghamton 大学签署合作协议，每年可以选派 20 人(10%)左右。

出口三，校内联合、获双学位。与人大强势的学科(经济、金融、法律)举办双学位班,培养复合型人才,例如经济-数学双学位班、金融-数学双学位班、法律-信息安全双学位班等。

出口四,成绩优秀、保送读博。对于成绩优秀的学生,推荐赴国外大学攻读博士学位,提供全额奖学金。我们每年向新加坡国立大学选派优秀的本科毕业生攻读博士学位。今后还可以扩大推荐和保送的大学的数量。

措施之三:国际化。

除了上述通过国际化提供多出口途径之外,我们还出台多种措施,鼓励教师短期出国访问交流,积极开展科研合作,提高教师的学术水平。

措施之四:复合型。

在允许学生自主选择专业的基础上,我们还允许学有余力的同学同时拿2个甚至多个学位。尽管以前也有辅修学位的规定,但是由于教学计划的安排,课程之间经常会冲突,实际上要辅修一个专业很困难。现在我们在学院层面统一进行排课,方便了学生完成2个专业的课程学习。

措施之五:注重第二课堂对学生能力的提升。

开展品牌学科竞赛活动,鼓励参与科学研究。学科竞赛活动对于培养学生的专业兴趣、提高学生综合素质,发挥着重要的作用。在大学一二年级,应积极开展学科竞赛活动(数学建模、程序设计大赛等),争取取得优异成绩。从三年级开始,继续推行本科生进实验室的措施,让本科生直接参与教师的科研项目,提高本科生的综合素质和能力。通过上述活动,使得本科生的素质得到全面提升。还有值得一提的是学校辩论赛,这对学生思辨能力和团队合作都有很高的要求。信息学院的辩论队在学校辩论赛一直有很好的表现。

实施这些措施的目的就是让信息学院深受考生喜爱,学生能在信息学院这个平台上得到最好的发展。最终实现“大院、强院、富院”的目的。

三、实践

尽管起步相当顺利，但是过程还是困难重重。

其一，培养方案怎么设计？哪些是学院的平台课，哪些是专业的必修课和选修课？是否要多安排一些实用的课程？每个专业都有各自的培养计划，如何进行协调？学生如何分流？这些问题一开始就困扰我们。感谢我们有一位有情怀、敢担当的主管教学副院长，龙永红教授以及他领导的本科教学工委的老师们，他们担负起了方案设计的任务。虽然过程中来自不同的学科的教师之间有争吵，但是，我们都一一解决了，这部分的具体方案在本书中都有介绍，这里就不赘述了。

其二，学生日常怎么管理？传统班级的概念没有了，一个班的学生可能是学不同的专业的，一个宿舍的同学也是不同专业的，上课时间不一样。这些新问题对于学生管理无疑都是新课题。解决这些问题需要有一支优良的行政队伍，这是事业成功的必要保证。如果没有高素质的行政队伍，我们的改革也不可能成功。

为此，2009 年 4 月，我率学院行政办公人员赴香港中文大学考察学习，在此基础上在年底召开了学院行政管理工作会议，特别强调了管理即服务的理念。

管理即服务有两层含义：一是理念，管理的目的是服务；二是方式，通过服务来达到管理的效果。学院的行政工作是为了教学科研工作的正常有效地进行提供支撑，是为了学生的培养，教师的进步，学科的发展。这是行政管理的基本目的。离开了这一基本点，管理也就变得没有意义了。所以，我们的行政人员需要正确认识这一点。通过服务来实施管理，需要我们开动脑筋想办法。举个例子来说，学院的网站教师栏目需要教师的个人头像，相关工作人员发了多次邮件，还是有少数教师由于种种原因，没有提供自己的头像。

怎么办呢？有人建议发一个通知，限令在某某日之前，必须提供头像，否则就……这样可能达到收集头像的目的，但是效果不会好，不是通过服务来实施管理。另一种办法是了解系里开会的时间，主动上门提供照相服务，我估计不同意照相的老师即使有，也是极个别的。这后一种办法就是通过服务来实施管理。

职业化。所谓职业化就是要熟悉业务，干事利落，循规蹈矩，讲究效率。学院的事情绝大部分都是常规的事情，是不断重复的业务。职业化除了一些通常的行政工作技巧需要掌握外，我理解重点要做好下面的三件事情：任务制度化，工作流程化，结果文档化。所谓任务制度化，就是要弄清楚每一项任务后面有关的政策和规定，没有规定的要积极推动学院层面出台相关的指导文件，做到凡事有依据。这既有利于工作人员开展工作，也是对行政人员最大程度的保护。所谓工作流程化，就是要建立起一套行之有效的工作流程，什么时候做什么事情，一目了然。有了这样的流程，大家都能提高效率，不误事。所谓结果文档化，就是要注重将任务完成中的各种文档进行归档和统计处理等。既是自己工作成果的体现，也是提高学院管理水平、提高科学决策能力的需要。

好心态。行政工作很难做出惊天动地的成绩来，都是一些需要我们任劳任怨去完成的小事情。别人获得了成绩，好像和自己也没有什么关系。加上目前的体制对于行政人员的待遇和出路等方面考虑得并不是很好，很容易让人憋气。在这种情况下，行政人员一定要有好的心态。学院的师生获得了荣誉，我们要诚心诚意地为他们感到高兴，他们的成功就是学院的成功，也是我们行政人员的成功。我相信，我们的广大师生也会从心底里感谢行政的支持，并化作他们进一步努力奋斗的动力。

2013 年 1 月 17—20 日，学院再次组织信息学院和教育部重点实验室党政管理干部和实验教学人员前往新加坡访问交流，针对学院的行政和实验教学管理工作进行专题访问，对管理干部进行现场

培训。通过这些实地的考察与学习，增强了学院行政人员参与改革的主动性。

其三，学生意见如何反馈？2009 年伊始，我就收到一位“绝望的学生”发给我和校长的邮件，也许是受到武书连排行榜将人大理工科排在 E+的位置(一共分为 ABCDE 五大类)的刺激，将平时的不满都爆发了出来。近千字的邮件对学院的课程设置、教师上课不认真、选修课少等问题进行了“控诉”。我深感这里面既有学院发展中的问题，也有沟通上的问题。打通学院与学生正常的沟通渠道非常必要。考虑到大类招生培养的重大改革，出现问题在所难免，及时了解学生的情绪和意见，进行开诚布公的交流沟通，非常必要。为此，我们开设了“院长下午茶”，委托团委学生会在会议前征集意见和参会同学，然后在会上开诚布公地交流，取得了很好的效果。

四、成果

信息学院的本科人才培养模式改革在困难中推进，2013 年迎来了第一届的毕业生。我们忐忑地等待着来自学生的反馈。

从一些统计数据和同学们的反映看，同学们的反映是好的，评价是积极的。首先，从招生情况看，我们第一次实现了全部学生都有志愿的目标(尽管有些同学不是第一志愿)，第一和第二志愿学生的比率已经超过了 60%。这使得我们可以在一个比较高的起点上开始培养(这个数据在 2017 年又获得了进一步的改善，第一志愿率超过 70%)。其次，从平时学习成绩获得高分的学生人数看，比率也比之前的要高一些，这应该部分得益于学生自己选择了专业自愿。因为是自己选择的专业，应该会更有兴趣去学习。第三，从学生对“院长下午茶”活动的反馈看，同学们总体对理科实验班是很认同的。

各项国际学科竞赛是学生专业实践的演练场，信息学院在每年各种有影响力的国际、国内学科竞赛中获奖超过 200 人次，竞赛成绩屡获突破。2009 年以来，以信息学子为主力的中国人民大学代表队获得全国大学生数学建模竞赛全国一等奖 16 项，并于 2016 年斩获“MATLAB 创新奖”。2016 年，本院学生获北美数学建模竞赛特等奖、特等奖提名；连续 3 个赛季获得 ACM 国际大学生程序设计竞赛亚洲区金牌，进军世界总决赛。

双选认证主副修实现学科交叉复合预期目标。灵活多样的培养机制为学生实现学科交叉复合提供了丰富多样的机会和便利的途径。8 年来，获得双学位的学生平均占全体学生的 18%。双选认证，自主进行专业组合的大类培养模式实现了跨学科复合型人才培养的目标。

学生科研成果多项突破。大类培养模式将本科生的科研训练纳入教学活动的重要环节。学生在导师指导下进行科研活动。2010—2017 年，信息学院本科生发表国际高水平论文共计 10 篇，获大学生创新实验计划国家级立项 27 项，北京市立项 20 项。

学生深受国际、国内著名高校欢迎。在 2012 届(首届)理科实验班中，学生毕业后去海外著名大学深造的人数大幅提升，从改革前 2011 届的 28 人上升至 46 人。2012 届至 2017 届毕业生有 35% 出国深造，其中超过半数前往哈佛大学、麻省理工学院等全球前 50 名的知名学府。

学生综合实践能力显著增强，配套的成长支持服务与管理体系不断完善。2009 年以来，信息学院本科生获得中国人民大学学生最高荣誉吴玉章奖学金 6 人；北京市先进班集体 6 次，北京市先进基层团支部 2 次；7 位教师荣获学校十佳班主任或提名奖。

此外，龙永红副院长在 2014 年调任教务处处长。这从一个侧面说明我们的教学改革实践得到了学校的认可。“信息学院本科人才培养模式改革”获得 2017 年度中国人民大学教学成果一等奖和北京市教学成果一等奖都是对这一成果的肯定。

结束语

习总书记的新年贺词仿佛还在耳边，“幸福都是奋斗出来的”，“不驰于空想、不骛于嘘声，一步一个脚印，踏踏实实干好工作”。信息学院本科人才培养之所以能取得成果，正是来自于全体师生的共同努力奋斗。成绩属于全体师生。

改革永远在路上。2018 年学院又将迎来新的挑战，数学系独立发展已经提到议事日程上来，这对如何实现跨院人才培养又提出了新课题。相信学院在新的领导班子带领下，能攻坚克难，取得新的成绩。

杜小勇

2018 年元旦

【作者介绍】

杜小勇，博士生导师，中国人民大学信息学院教授，教育部数据工程与知识工程重点实验室主任，中国人民大学理工学科建设处处长。2004—2016 年担任信息学院院长。从事计算机数据库及大数据相关领域的研究，发表论文百余篇，担任国家精品课程“数据库系统概论”主讲教师，研究成果曾获得北京市科技进步一等奖(2005 年，排名第二)，中国计算机学会科学技术奖一等奖(2015 年，排名第二)，教育部科技进步一等奖(2016 年，排名第一)，国家科技进步奖(2018 年，排名第一)。

第1章

人才培养改革的指导思想与特色

1.1 信息学院本科培养体系沿革

中国人民大学1978年复校时，在国内率先创建了以“信息”命名学科系——经济信息管理系——中国人民大学复校时的唯一新建系。随着学科发展，1994年，学校在原经济信息管理系的基础上组建了我国的第一个信息学院。30余年来，学院学科建设始终围绕着将数学、计算机科学应用于经济、管理科学和社会、经济信息化的实践这一目标。学科体系、培养模式及教学内容不断地根据学科自身发展，以及社会、经济实践的要求进行改革和调整，在不断加强学科基础的同时，突出其文理渗透、学科交叉的特色。

信息学院在1978年创立经济信息管理系时，开设的本科专业为经济信息管理专业，侧重于计算机技术在经济管理实践中的应用，立足于为我国社会、经济的信息化培养专门人才，是全国第一个以信息命名的专业。其课程体系的特点主要是数学、计算机和经济管理科学三类课程的集合体，尽管其在三个学科真正融合上远远不够，但作为率先尝试引起了高度的关注，适应了当时社会对相关人才的迫切需要，并成为后来各高校该专业设立和建设的范式。该专业于1998年按照教育部专业目录调整的要求更名为信息管理与信息系统专业。

1984年正式招收“经济应用数学”本科专业，立足于培养有扎实的数学基础，并能熟练地应用计算机从事经济及管理中的定量分析

的专门人才，而原来的经济信息管理专业更强调信息技术的应用，课程体系也作了相应的调整。在1997年高教司召开的全国应用数学专业建设的座谈会上，与会专家一致认为中国人民大学的经济应用数学专业独具特色，充分结合高校自身优势学科形成特色，应成为国内各高校应用数学专业建设的方向。该专业于1998年按照教育部专业目录调整的要求更名为数学与应用数学专业。

随着学科自身的发展以及社会、经济、管理实践的发展，为进一步厘清学科发展方向，夯实学科基础，适应学科及其应用实践的新的要求，明确培养目标，学院在原有经济信息管理专业基础上新设立了计算机科学与技术专业，于1999年开始招收本科生。该专业充分利用了信息学院在数据库技术方面的优势，带动计算机基础理论和核心技术方面的学科建设，为我院整个信息学科的进一步发展奠定坚实的基础。

2009年，根据信息技术发展和实践的要求，学院又申请设立信息安全专业，获得教育部批准，并于2010年正式招生。2013年及2017年分别正式招收软件工程及数据科学与大数据技术专业本科生。

目前学院共有6个本科专业：计算机科学与技术、信息管理与信息系统、数学与应用数学、信息安全、软件工程、数据科学与大数据技术，这6个专业既有各自相对独立的培养体系，各有侧重，同时相互之间又存在交叉和密切联系。各专业竞相发展，使学院的学科特色具备更坚实的基础和更宽厚的内涵，相互交叉融通为培养创新复合型人才提供了得天独厚的条件。

2004年，学院依据社会经济和学科发展的要求，特别是信息化发展趋势对人才的要求，认真反思传统教学理念和教学模式，认为应突出“以学生成才为本”的人才培养理念，全面改革人才培养模式和机制，充分发挥信息学院学科结构的优势，培养具有数学和计算机双重基础，并多样化发展的复合创新型人才。学院经过近四年的研究、论证和探索，充分吸收国内外先进的教学理念和成功经验，以全新的理念，全面构建新的培养体系、模式和机制，统一以理科实验班(信息与数学)打通全院所有专业的招生和培养，实行全过程无时点的学生自主分流的大类培养模式。新的培养模式自 2009 级学生开始全面实行。

1.2 人才培养模式改革的背景

在社会经济和科学技术日益综合发展的大趋势下，人们对本科教育基本形成三大共识：一是强调基础、能力和素养的“全人”培养理念；二是强调基于兴趣的自主学习和自我发展；三是强调复合型综合创新人才培养。与之相对照，我国传统的专业封闭型的人才培养模式和体系，恰恰存在口径狭窄、基础单薄、自主缺失三个主要弊端，已严重不适应学科交叉综合发展的趋势和创新型社会对综合型、复合型人才的要求，更不符合“以学生为中心”“以学为中心”“宽口径、厚基础、重能力”的人才培养理念，成为我国高等教育发展和人才培养的重要掣肘。

在传统培养模式下，由于专业之间被人为割裂并封闭起来，不利于学生宽厚基础的培养，也不利于学科专业之间的交叉与复合；学生缺乏自主选择学习的机会与权利，兴趣和才能不能得到合理、有效的发挥，更不利于学生自主学习、自主规划和自主发展的意识、习惯和能力的养成；不能为多样化、个性化培养提供有效的机制和途径；强调特色和个性反而导致专业和专业方向分得越来越细，而专业基础培养越来越削弱；在培养体系、机制上与能力培养特别是创新人才培养存在严重矛盾与冲突，二者难以有效融合。

具体针对信息学院而言，当时学院有三个专业：数学与应用数学、计算机科学与技术和信息管理与信息系统，按照历史定位，各专业虽然各有侧重但都强调数学与信息技术在经济管理学科结合这

一特色，这一独特的专业结构以及身处人民大学人文社科优势的环境为学科交叉、文理渗透提供了得天独厚的条件。然而，随着社会经济及学科的发展、人才需求的变化、社会环境对学生专业取向的影响，传统的按专业培养的封闭式模式的弊病逐渐显露出来。主要表现在：

其一，不能充分发挥信息学院专业结构的优势。尽管多年的发展使得各专业在各自领域都形成了自己的特色，然而由此导致的后果是三个专业也渐行渐远。在强调各专业与其他学科的交叉应用时却忽略了三个专业之间的交叉。事实上，在当今信息时代，数学已应用于各前沿领域，其中计算机已成为越来越重要而不可或缺的工具，数学在计算机科学和信息科学与技术领域的应用本身已成为热点领域；另一方面，计算机科学以及信息科学与技术领域的发展的许多问题，特别是一些核心的理论问题的解决都有赖于强有力的数学工具和数学思想。

其二，传统培养模式下，强调特色和交叉与加强基础往往存在冲突，学院加强信息和计算机专业的数学基础以及数学专业的计算机要求与各自专业的特色之间的矛盾日益凸显，事实上已经存在各专业为突出特色而自觉或不自觉地削弱基础的倾向，学生也存在追求个人兴趣发展而不重视基础的错误认识。

其三，信息和数学两大学科的基础性、工具性和思维性特点决定的学生具有广泛的可选择个性发展空间和潜力不能得到有效发挥。传统的专业封闭的培养体系按照整齐划一的课程体系和教学环节不能实现学生的多样性个性化培养，只有提供给学生充分的根据自身的条件、兴趣以及个性化发展规划自主选择的权利和机会，满足学生的个性化学习发展需求，才能最终形成学生的个性化知识结构和能力结构，从而培养出个性化的人才。

其四，不能激发学生的学习兴趣和自主发展的热情。传统的专业封闭培养模式，在很大程度上，学生只能根据录取的专业被动进行学习，由于应试教育环境下成长的中学生对大学专业缺乏了解，也从未思考、规划过未来适合自己的发展，选择大学就读专业时往往受社会误导和依据个人片面认识追逐某一专业，排斥另一专业，一旦录取为先入为主而排斥的专业，就难以再解开心结，从而学习缺乏动力和兴趣。也可能出现原来自认为喜欢的专业，通过学习发现并不是自己适合和喜欢的专业的情况。当时信息学院的专业之间录取的志愿率很不平衡，有的专业相当一部分学生是调剂专业录取的，学习兴趣不浓，热情不高。

针对传统模式的弊端和信息学院本科培养面临的现实问题，学院经过研究讨论形成的基本共识是：一是要打破专业界限，打通招生和培养的环节，制定统一的培养方案和课程体系；二是要最大限度赋予学生选择专业、选择课程学习的权利，建立方便灵活的有利于学生自主学习、跨学科学习的培养机制；三是要进一步提升和夯实学生的数学和计算机基础，并加强研究创新能力和综合实践能力的培养；四是创新学生管理和服务体系、模式和内容，适应学生选择学习、自主发展的要求。

1.3 人才培养改革的基本理念、内容和特色

信息学院 2004 年全面启动本科人才培养改革的研究，提出的基本任务是：以完全开放的、全过程自主选择学习和发展机制为灵魂，以体现学科基础宽厚、灵活多样的课程选择和成长通道相统一的培养体系为核心；以适应大类培养的管理服务体系为保障，系统构建数学与信息学科的跨学科大类培养体系机制，切实响应信息时代对信息和数学两大基础学科发展需求，促进数学与信息学科交叉发展，培养理工融合型创新型人才。

经过近四年的研究论证、探索实践和凝聚共识，2008 年确立形成了“加强基础，注重能力，自主选择，发挥个性，交叉复合”的大类

培养理念和“打通专业、自助培养、组合专业、复合学位”的跨学科大类培养模式机制，力求打破传统专业界限，通过最大限度赋予学生的自主权，在培养学生基础宽厚、能力扎实的基础上，基于学生兴趣和自主发展的选择，有效地实现复合型、多样化、个性化的培养。与这一培养机制相适应，全面规划构建了新的课程体系、能力培养体系、成长指导体系、管理与服务体系，并于2009年正式实施。

1.3.1 全面构建完全开放、全过程自主选择学习和发展的大类培养模式机制

改革总体思路是打通信息学院各个专业的招生与培养，在扎实培养学生数学和计算机的共同知识和能力的基础上，由学生自主选择课程形成专业，并通过选修课的模块设计，使学生能够根据个人兴趣和发展规划组合专业方向形成个性化发展方向，学有余力的学生可以同时完成两个专业的学习形成复合的专业或学位(即主修+副修)，具体而言：

(1) 信息学院各专业打通招生，统一以中国人民大学理科试验班(信息与数学)招生。

(2) 在培养方案上与目前国内通常的按类招生然后在一定时间后对学生进行专业划分的模式不同，本方案采用自助式的培养模式，学生通过自主选课形成自己毕业的专业。同时通过复合学位(专业)的机制，部分学有余力的学生能够同时完成两个专业的课程和培养环节要求，则可以在两个专业(主修+副修)毕业，获取两个专业学位。

(3) 各个专业设置共同学科基础课，同时分专业设置必修课。选修课以模块形式设置，学生根据兴趣和发展方向修满必要的专业选修课学分，学生也可选择全校其他专业课程作为自己的专业选修课。

1.3.2 契合大类培养理念和模式,规划形成了"一核三环一轴"的大类培养体系和课程体系

按照人才培养体系改革精神和总体设计的要求,切实落实"加强基础,注重能力,自主选择,发挥个性,交叉复合"培养理念和新的培养体系,依据"知识逻辑和培养要求、自主选择的实施要求"两条主线,以及"基础与个性相统一、选择与指导相结合"两个原则,精细化设计课程体系和培养环节,系统设计能力培养体系,创新设计教学管理机制。

强化基础核:全面提升各专业宽厚基础,设置共同的学科基础课,强调计算机和数学两方面严格扎实的基础培养。

新的课程体系强调不同专业的共同基础课(学院平台课),即培养方案中的学科基础课,共计 11 门 57 学分。力图通过这些课程的学习使全院各专业学生在计算机和数学两方面都受到严格的扎实的基础训练。这不仅为后续个性化自主选择学习奠定基础,也体现了学院各学科专业的特点和发展趋势,更重要的是为学生未来发展提供更广阔的空间。

精化主修环:可供灵活选择的专业必修课设计,使学生对感兴趣的专业进行深入学习。

通过精心设计,每个专业设置 20 学分专业必修课,学生根据自己的专业兴趣选择课程进行学习,毕业前要求修完至少一个专业的 20 学分专业必修课。学生由于专业兴趣的调整或者由于课程的兴趣多修的专业必修课程可计入选修课学分或副修专业或学位的学分。这一灵活设计充分给予学生专业兴趣的自由度和动态调整专业兴趣的机会,同时为学生知识的交叉复合提供了更大的空间。

泛化选修环:丰富多样的选修课模块设计,提供广泛的前沿领域的学习机会,使实现多样化、个性化的培养目标成为可能。

与传统的选修课是按课程设计相比,模块设计能很好地表现课

程之间的逻辑联系，明确课程的专业领域，有利于学生根据自己感兴趣的专业领域进行选课，从而得到科学、合理、系统的培养。新的课程体系按照当前学科和实践发展情况与趋势设置了3个理论与应用基础选修模块和15个个性方向选修模块，学生要求从这些模块中，也可以从全校其他专业课中修满20学分课程。丰富多样的模块设计使学生具有广泛的选择机会，从而实现人才培养多样化、个性化、复合型的目标。

融化综合创新环：突出学科交叉融合培养要求，设置综合创新实践研究环节。

通过两大学科基础训练和自主选择学习，学生具备了扎实的信息和数学交叉研究基础，结合自身的个性化方向，在自主选择基础上，参加学科竞赛、科研基金项目、创新实践研究、创业实践，参与教师科研团队，完成毕业设计选题，培养综合创新能力。

贯穿能力轴：促进课内外结合，将能力培养贯穿人才培养全过程，系统构建能力培养支持体系。

将能力培养融入各项教学活动和教学环节当中，与专业教育紧密相扣、相辅相成，制定了能力培养支持体系，在培养扎实的理论和知识基础的同时，使学生在科学研究和应用实践方面受到系统训练。

(1) 在一年级暑期进行综合设计的封闭式集中训练，利用国际小学期开设其他实训课程和实践活动。

(2) 以三大学科竞赛为抓手，促进能力培养融入教学过程，形成课外科技活动氛围。

(3) 开展课外阅读，开设学术讲座，开阔眼界，接触学术前沿。

(4) 采取进实验室、加入科研项目和课题研究、参与学术沙龙、配导师等举措进行系统的科研训练。

(5) 学生在参与重要科研项目、研究实践计划、毕业论文等过程中，得到选题论证、申报书撰写、答辩等环节的全程指导。

(6) 通过社会实践、社会服务帮助学生接触和了解社会,了解专业实践应用,树立使命感和责任感。

1.3.3 构建适应自主学习、自主规划的成长指导体系

适应打通专业的大类培养模式及其对学生自主学习、自主规划的要求,系统构建成长指导体系。在一年级开设新生研讨课,选聘副教授职称以上的优秀教师主讲,主讲教师同时任新生导师,实行课内外结合对新生进行全方位指导。开设数学与信息科学概论,对学生进行系统性专业教育和指导。每个专业举办 4～5 次专题讲座(共计 15～18 次专题讲座),这些讲座全部由学院和校外知名教授主讲。此外通过素质养成课、新生专业教育讲座、成长案例、学院网站、《信息月刊》、各种形式交流、班会、“开放日活动”“信息文化节”、系列讲座等常态活动开展集中指导;通过新生导师、班主任、辅导员、任课教师、课外研究实践、学科竞赛、信手相连朋辈互助等人员和活动密切师生、生生联系,并开展针对性个性化指导。构建了四年一贯制的“集中指导与个性化指导相结合,针对性指导与全过程指导相结合,学习研究指导与发展指导相结合”的成才指导体系。

1.3.4 打破了传统按专业分班分宿舍的管理模式,构建适应大类培养的全新管理与服务体系

突出“指导与服务”的管理理念,创新设计班、团、学管理体系和模式,采取混合班级管理单元,改革课外活动的组织形式和内容,在观念上打破学生狭隘的专业归宿感,树立更加开放包容的意识,在目标上突出对学生自主学习、自我组织、自我管理的引导和指导,在形式上体现更加灵活机动,形成与培养模式相互协调、相互强化的管理服务体系。

1.4 围绕人才培养体系改革,深化教学建设

2013 年,信息学院本科人才培养改革实施后的首届学生毕业。经过一届学生培养的全程实践和建设,新的培养体系基本趋于成熟,取得了良好的成效,得到了学生和家长的一致好评,也得到了社会的广泛关注。但人才培养体系模式改革只是学院人才培养改革的第一步,尽管几年的建设,人才培养各个方面都得到了提升和发展,但总体上需要全面的深化。正值此时,学校发布《中国人民大学本科人才培养路线图》,全面实施中国人民大学本科人才培养综合改革。路线图的基本理念、精神,改革的制度、措施和路径为信息学院进一步深化教学改革和建设提供了全面系统的指导。

本科人才培养路线图(如图 1.1 所示)着力解决研究型大学为谁培养人、培养什么样的人、怎样培养人的问题,坚持"立德树人",着眼于"研究型学习制度体系"建设,完善人才培养方式,促进学生学习真知识、发现真问题、开展真研究、提出真见解,致力于培养具有厚重品质,始终奋进在时代前列,能在各行各业发挥引领作用的"国民表率、社会栋梁"。以"育人为本、以德为先、能力为重"为理念,路线图注重品格教育,塑造健全人格,注重自主学习,加强能力培养,聚焦"研究型学习制度"建设,着力通过八项制度和十六项措施实现一系列重要转变:从以教师为中心到以学生为中心,从以传授知识为中心到以探究问题为中心,从以课堂教学为中心到以课内课外相结合、知识学习与研究实践相结合,从以讲义、教材为中心到更密切的师生互动、教学相长,从过于单一的专业学习到培育厚重的复合型知识基础,从国内学习到扩展国际视野、跟踪学术前沿,从知识、能力教育到全面的人格养成。

信息学院按照学校要求,结合信息学院深化教学改革和建设的实际,在认真总结人才培养模式改革的实践基础上,全面规划了信

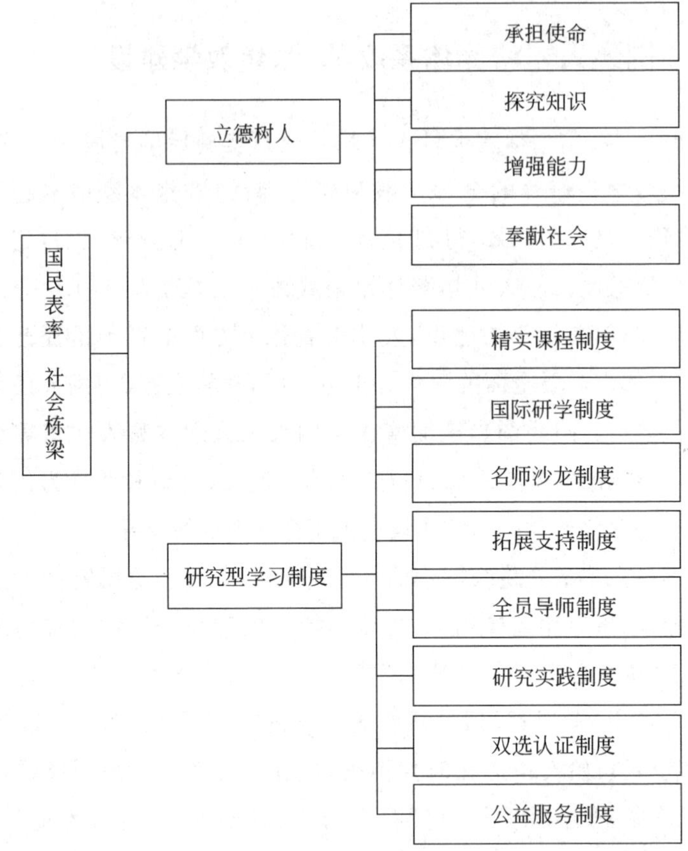

图 1.1　本科人才培养路线图

息学院本科人才培养路线图,并在持续推进实施,不断完善培养体系和机制,不断加强教学过程、教学资源、教学环节建设。

1.4.1　精实课程制度

强化基础和技能,转变教学方式,突出课外自主学习和自主探究。

实施措施:

(1) 以课程网站和网页的建设为抓手,规范教学内容和教学要

求，推进教学方式转变，促进教学资源建设，引导和指导学生自主学习和自主探究。

（2）设立若干试验课程，从教学内容设计、教学资源建设、教学方式变革、教学过程考核、作业与课外研读制度、助教制度等方面实施全方位的课程改革和建设。初步考虑进入改革试验的课程：新生研讨课、数学与信息科学概论、程序设计课程群、数据库系统概论、概率论、数理统计、数学建模，以及其他教学团队申报的课程或课程群。

（3）系统规划和实施教材建设，出版系列教材反映我院学科发展与人才培养要求和特色，适应转变教学方式和引导学生自主学习与探究的需要。

（4）学科基础课和必修课按课程群组建教学团队，选修课按方向组建教学团队，团队负责课程建设，每个团队设一名团队主任和一名主任助理，每个团队两周举办一次例行教学研讨会议，每学期出一份教学建设进展报告。

1.4.2 国际研学制度

扩大参加国际交换学习项目学生数量，加强与国外名校合作培养，吸引学生参加国际合作交流活动，加强制度和机制设计鼓励学生参加国际研学项目和活动，鼓励教师的积极参与。

实施措施：

（1）在对学生参与国际研学的积极性、困难和顾虑等进行调研的基础上，对相关培养环节和制度进行改革和设计。

（2）进一步增加对外合作培养项目数量，扩大项目规模。

（3）鼓励教师将国际学术访问与组织学生国际研学活动相结合。

（4）安排本科生参加学院国际合作研究项目，参加科研项目和培养项目的日常联络、交流和商讨工作。

（5）将学生国际研学活动与导师制联系起来。

(6) 加大外籍教师聘任力度,并最大限度发挥外籍教师在国际化培养中的作用。

(7) 研究如何进一步发挥国际小学期在国际化培养中的作用,探索与国外高校联合举办暑期学校的模式,聘请外籍知名教授开设部分暑期纯英文选修课。

(8) 在制度和经费上支持学生参加国际学术会议。

1.4.3 名师沙龙制度

促进教师与学生交流,激发学生专业兴趣、研究兴趣和学术灵感,培养科学素养和科学精神。

实施措施:

(1) 探索新生研讨课的有效组织形式,广泛征集新生研讨课的论题。

(2) 名师讲座系列,每两周一次,针对本科生的国内外、校内外专家的讲座。

(3) 教师主导沙龙,教师针对某前沿领域主办适合本科生循序发展的沙龙,学生自主注册,每个沙龙规模不超过 10 人,沙龙主持可以是单个教师也可是研究团队。

(4) 学生自主沙龙,学生根据兴趣自主组织沙龙,申请并邀请教师指导,每个沙龙不少于 5 人不多于 10 人。

(5) 参加讲座和沙龙累计 16 学时并经过考核可获得专业选修 1 学分。

1.4.4 拓展支持制度

倡导学生互助,加强学院支持,争取学校支持,促进学生全面发展,打好研究性学习的身体、心理和意志等方面的基础。

实施措施:

(1) 配合学校相关部门组织的新生团校、高阶团校、“红船领航”

新生党员教育、“学校党校”等培训项目，结合我院学生党总支负责的“三级培养体系”，在进行学生先进性教育的基础上，重点加强学生的领导力训练。

(2) 创设互助学习小组模式，继续实施“信手相连”“手拉手”学习辅导活动。

(3) 明确学生党员(积极分子)集体活动要求，着重依托体育活动，培育学生的体育精神，并借此增强学院的凝聚力、归属感。

(4) 在办好“甘之若宿”宿舍文化节的基础上，继续举办“信息文化节”之学系、实验室开放活动，继续推进“走进名企”参观活动，持续开展“暑期社会实践”活动(赴各地支教、信息化调研等)，拓展本科生的发展空间。

(5) 通过课程设置和打通本硕课程针对高年级学生毕业去向计划实施分类指导。

1.4.5 全员导师制度

通过全员导师制的系统设计对学生的健康成长、专业兴趣的形成、发展规划、课业学习等进行系统的、个性化的引导与指导。

实施措施：

(1) 学院选聘 30 名左右的导师，每位导师负责指导一至三年级每个年级 4～7 位学生(共 12～20 位学生)，每周提供 3～4 小时的指导，每次指导 1 小时，参加学生 1～3 位为一组，每位学生每两周至少有一次这样的指导。

(2) 指导按事先安排的时间表，在导师的办公室或其他约定地点，气氛宽松融洽，以互动交流、平等讨论的方式进行。内容可以是学习、研究、选课、阅读、做人、做事等方方面面无话不谈，帮助学生发掘自身潜能，制定学习和发展规划，鼓励和帮助学生克服困难。

(3) 导师对学生保持经常的关注和日常关心，为学生提供全方位的帮助。

(4) 制定相关实施制度,对教师劳动给予相应的津贴。

1.4.6 研究实践制度

通过系统的组织和指导,实际的活动和项目安排培育学生的问题意识和创新意识,训练学生发现问题、研究问题和解决问题的能力。

实施措施:

(1) 进一步理顺学科竞赛的组织工作,加强相关的激励和指导教师的队伍建设,加强相关训练课程、内容、环境的基础建设。

(2) 继续做好创新实践计划,选题申报、答辩、项目实施的全程指导工作,尝试对低年级学生设立培育项目计划。

(3) 继续做好本科学生进实验室和参加教师科研项目的工作。

(4) 落实学生课外阅读书目的制定。

(5) 将研究实践的培养与导师制、名师沙龙有机衔接。

(6) 在继续做好一年级学生暑期程序设计综合训练工作基础上,加强实践和实验性课程的建设。

1.4.7 双选认证制度

促进学科交叉与复合,适应学生个性化知识和发展需求。

实施措施:

(1) 完善本院内部双选认证主副修制度。

(2) 考虑开设暑期副修课程。

(3) 考虑跨院双选认证副修制度的组织、设计与指导。

(4) 考虑将跨院双选认证与本院专业选修的个性化方向选修有机衔接。

1.4.8 公益服务制度

树立正确的研究性学习价值导向,增进学生的人文关怀和社会

责任感。

实施措施：

（1）继续支持学生社团开展品牌志愿服务活动。我院的“蓝天圆梦”计算机义诊活动、“看望脑瘫女孩”志愿服务等，均曾经入选“感动人大”十佳志愿活动，“手拉手”数学辅导、“北京行知农民工小学支教”“河北唐县、内蒙古奈曼旗”等社会服务亦连续多年开展，并取得良好的社会反响。

（2）联系校友资源，提高公益服务的效果。尝试联系校友，挖掘校友资源，通过与校友联合开展公益服务活动，共同关爱贫困地区、弱势群体等，提高公益服务的效果，让“爱心”在学生与校友互动中升华。

第2章

信息学院本科生培养体系

2.1 信息学院本科生培养模式

2004年信息学院全面启动本科人才培养改革的研究，经过近四年的研究论证、探索实践和凝聚共识，2008年学院形成了“加强基础、注重能力、自主选择、发挥个性、交叉复合”的人才培养理念和“打通专业、自助培养、组合专业、复合学位”的跨学科大类培养模式机制，形成了新的本科生教学计划。打通信息学院各个专业的招生与培养，通过选修课的模块设计，使学生能够根据个人兴趣和发展规划组合专业方向形成个性化发展方向，学有余力的学生可以同时完成两个专业的学习形成复合的专业或学位(即主修+副修)。

在本科培养过程中，能力培养是人才培养的核心任务，信息学院建立了一套完整的人才培养体系，将能力培养贯穿于人才培养的各个环节。能力培养体系包含专业基础与专业发展能力，专业实践与社会实践能力，综合能力，创新能力等培养环节，见图2.1。强调课程学习在培养扎实的专业基础的同时重在专业思维、学习习惯和学习能力的培养和专业兴趣、专业发展方向的形成上，通过读书笔记加深学生的专业认识、扩展专业知识面、了解发展方向，培养专业兴趣、科学精神和科学眼光。通过实验教学(特别是编程训练和建模训练)培养学生实际动手能力和实际应用能力——即专业实践能力。通过社会实践与社会服务帮助学生接触和了解社会，培养学生的社会责任感和社会适应能力，树立正确的人生观和价值观，引导

学生思考社会发展，更好地把握正确的专业发展方向。通过专业实习培养学生综合能力。通过学科竞赛、创新实践计划、进实验室参加课题研究，听学术讲座等科研训练以及毕业（设计）论文培养学生创新能力，这些环节的具体实施办法和要求将在附录里作专门介绍。

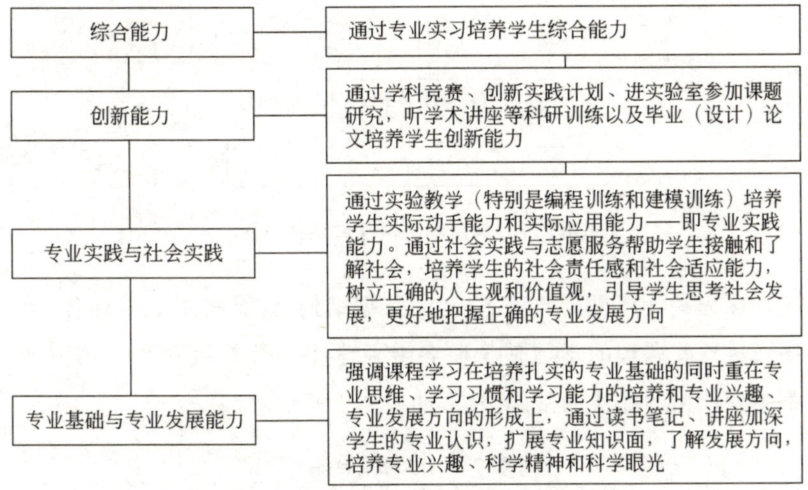

图 2.1　信息学院能力培养体系架构

2.2　信息学院课程体系

图 2.2 描述的是信息学院的课程（不包括学校公共基础课程）体系。契合大类培养理念和模式，规划形成了“一核三环一轴”的大类培养体系和课程体系。

2.2.1　学院平台课

学院包括四类课程，分别为学院平台课（学习指导）、学院平台课（计算机类）、学院平台课（数学类）、学院平台课（物理）共 11 门课程 55 学分组成。包括数学类的数学分析、高等代数、概率论与数理

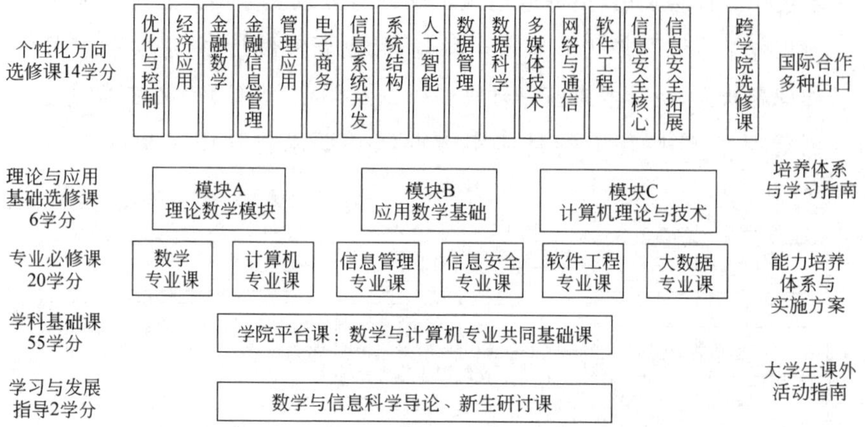

个性化方向选修课14学分
优化与控制 | 经济应用 | 金融数学 | 金融信息管理 | 管理应用 | 电子商务 | 信息系统开发 | 系统结构 | 人工智能 | 数据管理 | 数据科学 | 多媒体技术 | 网络与通信 | 软件工程 | 信息安全核心 | 信息安全拓展 | 跨学院选修课
国际合作多种出口

理论与应用基础选修课6学分
模块A 理论数学模块 | 模块B 应用数学基础 | 模块C 计算机理论与技术
培养体系与学习指南

专业必修课20学分
数学专业课 | 计算机专业课 | 信息管理专业课 | 信息安全专业课 | 软件工程专业课 | 大数据专业课
能力培养体系与实施方案

学科基础课55学分
学院平台课：数学与计算机专业共同基础课

学习与发展指导2学分
数学与信息科学导论、新生研讨课
大学生课外活动指南

图 2.2 信息学院课程体系关系图

统计课程和计算机类的程序设计、数据结构、计算机组成等课程，力图通过这些课程的学习使全院各专业学生在计算机和数学两方面都受到严格的扎实的基础训练，如表 2.1 所示。

表 2.1 学院平台课

课程名称	学期	学分
数学分析	大一上、大一下、大二上	15
高等代数	大一上、大一下	9
数学与信息科学概论	大一下	1
程序设计导论	大一上	4
程序设计实践	大一下	2
数据结构	大二上	4
普通物理	大一下	4
计算机组成原理	大二上	4
操作系统	大二下	4
概率论	大二上	4
数理统计	大二下	4

2.2.2 专业必修课

学生通过一年的基础课的学习，对各专业已有一定的了解，初步确立自己的专业兴趣，在继续学习共同基础课的同时开始进入按专业区分的专业必修课的学习。每个专业设置6门20～21学分的专业必修课(计算机科学与技术专业和信息安全专业21学分，其他专业设20学分)，如表2.2～表2.6所示。学生根据自己的专业兴趣选择课程进行学习，毕业前要求修完至少一个专业的6门专业必修课。

表2.2 数学与应用数学专业

课程名称	学期	学分
实变函数	大二下	4
数学规划	大二下	4
常微分方程	大二下	4
复变函数	大三上	3
随机过程	大三下	3
时间序列分析	大三下	2

表2.3 计算机科学与技术专业

课程名称	学期	学分
面向对象程序设计	大二下	3
编译原理	大三下	3
算法分析与设计	大三上	3
离散数学	大二上	4
计算机网络	大三下	4
数据库系统概论	大三上	4

表 2.4 信息管理与信息系统专业

课程名称	学期	学分
管理信息系统	大二下	2
离散数学	大二上	4
计算机网络	大三下	4
数据库系统概论	大三上	4
信息系统分析与设计	大三上	4
信息系统项目管理	大三下	2

表 2.5 信息安全专业

课程名称	学期	学分
离散数学	大二上	4
信息安全概论	大二下	4
编译原理	大三下	3
计算机网络	大三下	4
数据库技术基础	大二下	2
信息系统安全概论	大三上	3

表 2.6 软件工程专业

课程名称	学期	学分
离散数学	大二上	4
面向对象程序设计	大二下	3
计算机网络	大三下	4
数据库系统概论	大三上	4
软件工程概论	大三下	3
算法分析与设计	大三上	3

2.2.3 专业选修课

新的课程体系还充分考虑学生发展方向的知识结构和体系的要求将专业选修课分为两类，一类是理论与应用基础选修课，主要考虑一些深入的理论课程不合适归为一个具体方向，还有一些课程是后续多个方向的基础或先修课程，这类课程共设为三个模块，学生根据所修专业和后续方向选修课的要求选修其中不少于6学分的课程，如表2.7所示。另一类是个性方向选修课，按照当前学科和实践发展情况和趋势设置了16个个性方向，这16个中既有学科专门领域的方向，又有学科应用方法和面向实践的技术方向，还有学科交叉方向。学生可以按方向选课，也可在教师指导下组合个性化方向，也可以选修本院其他专业的必修课或跨学院选课形成自己的跨学科、专业交叉方向。学生要求修满两类专业选修课合计20学分课程。丰富多样的模块设计使学生具有广泛的选择机会，从而实现人才培养多样化、个性化、复合型的目标。

表2.7 理论与应用基础专业选修课

培养环节	课程名称	学期	学分
A 理论 数学	近世代数	二下	3
	泛函分析	三上	3
	偏微分方程	三上	3
	点集拓扑	四上	2
	微分几何	四上	3
B 应用 数学 基础	数学建模	二下	2
	数值计算	三下	3
	统计软件与实践	三下	2
	图论	三下	2
	组合数学	三下	2

续表

培养环节	课程名称	学期	学分
C 计算机理论与技术基础	数字逻辑与数字电路	二上	3
	汇编语言	二下	3
	运筹学	二下	3
	网络群体与市场	三上	2
	软件工程	三下	3
	逻辑论证与学术论文写作	四上	1

如表 2.8 所示，理科实验班的专业课程将进一步细化成 16 个课程群，其中数学与应用数学专业由 3 个课程群组成，分别为优化与控制、经济应用、金融数学；信息管理与信息系统由 4 个课程群组成，分别为金融信息管理、管理应用、电子商务、信息系统开发；计算机科学与技术专业由 7 个课程群组成，分别为系统结构、人工智能、数据管理、数据科学、多媒体技术、网络与通信、软件工程；信息安全专业由 2 个课程群组成，分别为信息安全核心和信息安全拓展。

表 2.8　理科实验班专业课程

专业选修课				
专业选修课	**优化与控制** 博弈论 动态优化 随机优化 最优控制	**经济应用** 微观经济学 宏观经济学 计量经济学	**金融数学** 现代金融理论 金融数学理论 现代投资学 期权、期货及其衍生工具 实证金融	**金融信息管理** 金融市场与金融机构 金融市场数学建模 金融数据挖掘 金融风险与系统思维 金融软件与实践
专业选修课	**管理应用** 管理学概论 管理经济学 信息技术伦理 业务流程管理 信息系统与运营管理	**电子商务** 电子商务概论 Python 程序设计 ERP 应用于实践 电子商务系统设计与开发	**信息系统开发** JAVA 程序设计 JSP 实用技术 EJB 实用技术 Web 应用系统开发实践	**系统结构** 移动平台应用开发 并行计算 分布式系统与云计算

续表

专业选修课	**人工智能** 人工智能导论 机器学习 自然语言处理 模式识别	**数据管理** 实用数据库开发 信息检索导论 数据仓库与数据挖掘	**数据科学** 数据科学概论 统计学习 互联网实用开发技术 数据科学算法导论	**多媒体技术** 多媒体技术 Spoken Language Processing(言语信息处理) 数字图像处理 人机交互与用户界面
	网络与通信 计算机组网技术 无线通信技术 现代通信技术	**软件工程** 软件质量保证与测试 软件系统设计与实现 软件工程经济学 软件新技术专题	**信息安全核心** 程序设计安全 密码技术及应用 数字取证技术	**信息安全拓展** 网络安全技术 信息安全技术 信息安全管理

2.3 实践与能力训练

本科生实践能力训练主要由几个方面组成,包括实验课、科研训练、学科竞赛、本科论文等。本节主要简单介绍编程集训、学科竞赛、实验室学习、科研项目、毕业论文等几个方面的训练。

1. 编程集训

本科生在一年级的暑期进行程序设计和程序设计实践的封闭式集中训练,利用所学的C语言和C++语言,经过自己设计、调试,完成一个个类似贪吃蛇、五子棋等大型试验,这样做,增强了学生的编程能力和动手能力,打消同学们的畏难情绪,使同学们在创新思维、专业知识、科研能力和团队合作等方面得到综合训练。

2. 学科竞赛

另一种形式的能力培养和训练的途径,在学生参加的各种学科竞赛中,我院主要组织学生参加全国大学生数学建模竞赛、国际大学生程序设计竞赛、北美大学生数学建模竞赛、全国大学生信息安全竞赛以及全国大学生计算机设计大赛等。每届感兴趣的同学都可以参加院里组织的培训并进行比赛,通过这几类学科竞赛,促进能力培养融入教学过程,形成课外科技活动氛围。

3. 实验室学习

信息学院组织本科生在一、二年级学生中遴选一些基础好对科研感兴趣的同学进入实验室,同时每年开展各实验室的开放日,鼓励同学积极参与。三年级时,各个实验室招收实习本科生,本科生跟随导师和硕士生、博士生一起参与真实科学研究,让同学们提前感受研究的氛围,培养科学素养,同时通过科研,充分认识数学学科和信息学科的重要性,奠定坚实的基础。每个实验室的自由的学术讨论风气和严谨认真的研究气氛,使本科生受到良好学术氛围的熏陶。

4. 科研项目

为了培养学生提出问题、分析问题、解决问题的兴趣和能力,鼓励学生根据兴趣积极探索,我院积极开展国家大学生创新性实验计划和中国人民大学科研基金项目。申报者对科学研究有兴趣且学有余力,在此过程(一般为 2 年)中,通过与导师沟通完成选题、申报、结项、答辩等全过程,提高思考与探索的能力。

5. 毕业论文

加强毕业论文这一重要教学环节的管理。为了提高本科毕业论文水平,我们对本科毕业论文提出了严格要求,规范了本科毕业论文的管理。从开题到写作提纲等过程进行管理,每一项工作都规范认真。在论文答辩过程中,学生进行分组答辩,且指导老师不参与本人学生组答辩,每组推出最差的学生进入学院第二次答辩。由二次答辩委员会老师决定该生是否通过论文答辩。对本科毕业论文要求严格、管理细致,使本科生和导师都非常重视,认真对待,这是提高本科毕业论文水平的基本保证。

第3章

学生第二课堂培养体系与学生管理体制创新

3.1 学生第二课堂培养体系

中国人民大学信息学院本科生第二课堂通过提高学生的思想政治素质、文化素质、心理素质、创新意识、动手能力等多方面意志品质，延伸大类培养模式下课程学习内容。目前，学院第二课堂培养体系培养目标明确，主要包括坚定的理想信念；强烈的社会责任感；严谨务实的工作作风；以人为本的人文精神；实事求是的法治精神；勇于探索的科学精神；基本的美学修养；健康的体质和人格等8个方面。同时，通过整个第二课堂的培养和评价体系量化，搭建思想政治与道德修养、学科竞赛、科研创新、国际交流、文体活动、社会实践、志愿服务、社团活动、职业规划共9个培养模块，学生在本科阶段通过自行选择，锻炼交叉复合的社会实践能力、综合素质和创新意识。

3.1.1 培养目标

中国人民大学信息学院第二课堂培养体系坚持“以学生为中心”的培养理念，从学生的思想、行为、文化、治学、人格等五个基本维度出发，落实中国人民大学“国民表率、社会栋梁”的人才培养目标。结合信息学院学生基本情况与学科特殊属性，细化为八个培养目标：在思想层面以培养学生坚定的理想信念作为根本；结合强烈的社会责任感和严谨求实的院风学风规范行为；在文化层面深化人民大学以人为本的人文精神，同时坚持校训，培养学生实事求是的法治精神；在治学领域鼓励学生形成实事求是的法治精神；最终在人格层面坚持树立基本的美学修养，完善学生世界观、人生观和价值观，同时不忘培养学生健康的体质和人格。

八个培养目标，在学校总体培养目标的基础上，提出了更加细致的培养要求和发展方向，从思想、行为、文化、治学和人格五个最为重要的维度提出了本科学生课堂教学外最为重要的教育领域。在细化第二课堂具体的培养目标的基础上，提纲挈领搭建了第二课堂培养体系的基础与框架。确保第二课堂成为学生培养的有力补充，成为学生第一课堂外健康成长的有力保障。五个成长维度与八个培养目标搭建了覆盖学生成长成才的方方面面，保障了学生在除了学术知识之外思想品性培养的不缺位，也保证了学生在校综合发展目标的全覆盖。

3.1.2 培养模块

培养模块的设置，从培养目标入手，根据具体目标，结合中国人民大学本科培养路线图，将学校本科素质培养课程，纳入整体培养模块体系，让学院同学无门槛接受学校和学院两级课堂外培养体系，以同样的学分计算方法，方便学生根据个人喜好选择培养方案。

培养模块体现了培养目标关于学生综合发展的五个成长维度要求，落实八个具体目标，同时聚焦学生科研、国际交流、职业发展规划，与培养目标相呼应，成为实现培养目标的落实计划与具体方案。从具体操作层面，培养模块分为九大版块，分别为思想政治与道德修养、学科竞赛、科研创新、国际交流、文体活动、社会实践、志愿服务、社团活动、职业规划。

3.1.3 培养体系

中国人民大学信息学院第二课堂旨在培养既具有国际视野，又有担当精神、人文精神、法治精神、创新精神和社会责任感，具有自主学习能力、创新能力、团队意识以及服务社会意识，能从事计算机软件与信息系统开发、应用、管理、建模与分析的交叉复合型人才，通过综合培养体系的搭建培养符合时代要求的综合性人才。

以培养模块组合完成学生综合培养的目标，每个目标对应具体落实的培养模块，每个模块都有对应达到的预期目标。以目标指导具体培养模块，以培养模块搭配完成具体目标，相互支撑，搭建培养体系框架。

九个培养模块与八个目标支撑的关系如表3.1所示。

表3.1 培养模块与目标支撑的关系

	目标1	目标2	目标3	目标4	目标5	目标6	目标7	目标8
思想政治与道德修养	√	√	√	√	√			√
学科竞赛			√			√		
科研创新		√	√			√		
国际交流	√					√		
文体活动				√			√	√
社会实践		√	√	√	√			√
志愿服务		√	√	√				√
社团活动		√	√	√				
职业规划		√	√					

（注：目标1至目标8分别为坚定的理想信念；强烈的社会责任感；严谨求实的学风；以人为本的人文精神；实事求是的法治精神；勇于探索的科学精神；基本的美学修养；健康的体质和人格）

以具体模块设置结合完成目标导向来分析支撑关系如下。

模块一：思想政治与道德修养

思想道德建设永远是学生培养中的重中之重。信息学院第二课堂培养过程重视学生的思想道德教育，在本模块中设置 77 学分课程，学分比重为各模块之首。具体课程安排分为必修 28 学分，选修 49 学分。必修学分中学风建设为培养学生学术道德的基础课程，是学生学业生涯诚信和声誉的基础。除此之外，学校“形势与政策”教育学习，作为学校培育学生课外思想政治和道德修养的必修课程，作为培养模块一的必修课程纳入培养体系。选修课程设置相对灵活，以党课学习小组、学院团校作为无门槛培训，学生可以任意选学，通过之后，可以分别选学院党校、学校党校以及学校团校；阶梯式课程设置，也可以对于学生选学形成一定的门槛，选择真正有志向的同学参与党校培训并发展成为党员。

学分标准：总学分 77 学分，必修 28 学分，选修 49 学分，最少 28 学分。

支撑关系：思想政治与道德修养模块作为基础板块，首先是明确坚定的理想信念、强烈的社会责任感，必修课程“形势与政治”等课程支撑了学生工作作风、人文精神和法治精神培养，最终也培育健全的学生人格。因此支撑关系为：目标 1、2、3、4、5、8。

模块二：学科竞赛

学科竞赛为根据信息学院专业特质决定的重要模块。参与学科竞赛无论级别高低，对于学生学习能力、团队组织能力以及学术视野开拓都有极重要影响。因此学院要求并鼓励每一位同学参与至少两次学科竞赛，必修学分为 2 学分。学科竞赛类模块的设计是阶梯类晋级，根据必修学分的学习效果，以及校内选拔，选修学分以国内、国外主要大赛作为学分标准，考虑大赛级别以及准备难度，对于每次大赛给予不同学分。其中全国大学生设计大赛，和其他类型学科竞赛为 2 学分，而全国数学建模、全国大学生信息安全竞赛、北美数学建模、ACM 设计竞赛亚洲现场赛均为 4 学分，以合理的学分

配比激励学生参与热情。

学分标准：总学分 22 学分，必修 2 学分，选修 20 学分，最少 4 学分。

支撑关系：学科竞赛作为培养学生专业实践能力的板块，科学精神目标指导必不可少，同时在参与竞赛过程中，团队合作、努力认真的工作态度是成功的基础。因此支撑关系为：目标 3、6。

模块三：科研创新

科研能力是学生培养中专业能力最为重要的一环。因第一课堂培养相对注重知识的供给，科研能力的具体实践较少，第二课堂专门设立模块培养学生科研能力，提供 26 个学分。科研更重视学生的兴趣爱好，因此本板块没有设置必修课，根据学生爱好自主选择。同时结合学校的科研实践项目，融入学生科研实践，其中包括创新杯课外学术科技作品竞赛、大学生创新性实验计划、挑战杯课外学术科技作品竞赛等。在核心期刊发表论文以及其他研究成果是鼓励同学开拓的领域。

学分标准：总学分 26 学分，必修 0 学分，选修 26 学分，最少 4 学分。

支撑关系：科研创新作为培养学生科研能力的板块，科学精神目标指导必不可少，同时在参与科研创新过程中，团队合作，努力认真的工作态度也是成功的基础。此外，科研创新的选题，在拥有团队合作的基础以及科学开拓精神之外，应该有强烈的社会责任驱动，才能推动社会的发展。因此支撑关系为：目标 2、3、6。

模块四：国际交流

培养在中西两个平台自由沟通的桥梁也是学校对于学生培养的愿景之一。信息学院注重学生的国际化能力，提供 38 个学分。除学校必修的国际小学期外，信息学院开拓学生国际交流合作项目，分别提供了英国曼彻斯特大学、香港城市大学、澳大利亚昆士兰大学、新加坡国立大学、挪威科技大学、英国雷丁大学、纽约州立大学宾汉姆分校等项目,开拓学生国际视野科研。

学分标准:总学分 38 学分,必修 2 学分,选修 36 学分,最少 2 学分。

支撑关系:国际交流过程中,要以坚定的理想信念作为基础,才能保持初心不动摇,同时在国际交流过程中,培育和壮大自己的科学精神才是本模块的根本。因此支撑关系为:目标 1、6。

模块五:文体活动

文体活动是丰富学生课余文化生活的重要组成部分,同时集体活动是提升学院集体荣誉感和凝聚力的重要途径。为了让并没有文体天赋的同学也可以参与,在本模块中,即使是参与活动也可以算作完成学分。本模块共提供 46 个学分。其中必修 6 学分,分别为学院、学校体育活动以及学院元旦晚会等。选修提供了多种多样的文化活动,包括"一二·九"合唱音乐节、校级晚会等保证同学课余文化生活丰富多彩。

学分标准:总学分 46 学分,必修 6 学分,选修 40 学分,最少 14 学分。

支撑关系:本模块重视学生的文化和体育修养,因此基本的美学修养和健康的体质也是指导活动的重要基础。同时优秀的文化艺术活动也会影响同学的文化观念,因此人文精神成为本模块的预期目标。因此支撑关系为:目标 4、7、8。

模块六:社会实践

丰富的社会实践也是增强学生课外能力的重要组成部分,是大学作为连接学生与社会交接点重要的培育作用。同时参与社会实践,对于了解当前社会之际情况,开拓和拓宽学生的事业也有很大的帮助。本模块共设置 20 学分。结合"人大使者家乡行"活动,以及各项社会实践活动、科研项目、基层建设项目,共同组成了本模块。更希望激发同学积极寻找社会实践项目,把握社会调研机会。

学分标准:总学分 20 学分,必修 0 学分,选修 20 学分,最少 4

学分。

支撑关系：社会实践要求有社会责任感作为依靠，以严谨的工作作风，以及人文精神作为基础，同时也要符合法治精神，最终也要求有足够健康的体魄应对繁重的社会调研工作。因此支撑关系为：目标2、3、4、5、8。

模块七：志愿服务

志愿服务是大学生课余文化生活的重要组成部分，参与志愿服务，不仅是对于社会和学校的管理重要组成的部分，也是锻炼学生各种能力，培养学生奉献精神的重要组成部分。本模块共提供23个学分，由学生自主选择。志愿服务类别主要有：结合专业学习与实践，如参与计算机义诊或者手拉手辅导员，信手相连辅导员；培养分享精神，丰富社会阅历，如社区支教、老年人公寓服务；社会贡献，如捐赠衣物、义卖、献血，等等。

学分标准：总学分21学分，必修0学分，选修21学分，最少20学分。

支撑关系：志愿服务对于培养学生的社会责任感，严谨求实的学风以及人文精神都是显而易见的，同时通过参与志愿活动，通过点滴小事促进身体素质以及健康的人格发展则更是追求的目标。因此支撑关系为：目标2、3、4、8。

模块八：社团活动

社团活动是学生课余交流的重要平台，也是学校、学院对于学生管理的重要补充机制。参与学生社团的活动也会在各个方面锻炼学生的能力，本模块共提供42个学分，全部由学生自选。其中根据学院、学校不同层级的学生社团组织，对于学生参与时间的要求以及对于学院的贡献，赋予不同的学分评级。

学分标准：总学分42学分，必修0学分，选修42学分，最少0学分。

支撑关系：参与学生社团有助于学生社会实践与综合能力的提

升，学风建设和社会责任培养是本模块的目标之一，主动奉献的人文精神也是指导本模块的重要组成部分。因此支撑关系为：目标2、3、4。

模块九：职业规划

职业发展规划是学生课外培养体系的重要环节。培养学生职业发展规划能力，锻炼其就业发展的综合能力，培养学生勇于面对社会挑战的精神。本模块共提供16个学分。全部选修，同时本模块的课程实践性极强，参与职业生涯访谈大赛、简历制作大赛、校友企业参观、校友讲座论坛以及各类证件考试属于本模块要求。

学分标准：总学分16学分，必修0学分，选修16学分，最少16学分。

支撑关系：本模块侧重学生的就业发展能力，因此，应对了工作作风以及社会责任感的两个目标，目标与培训内容相互支撑。因此支撑关系为：目标2、3。

3.1.4 学分要求

学生在本科阶段按照第二课堂培养方案选择必修、选修学习活动，形成第二课堂学分。

第一课堂按照单一专业毕业者，第二课堂总学分应不少于104学分。

第一课堂按照双专业及以上毕业者，第二课堂总学分应不少于72学分。

3.1.5 学期安排与学程规划

学期安排上，每学年分为秋季、春季、暑期小学期、寒假小学期四个学期。秋季学期和春季学期分别为19周，包括课堂教学17周，考试2周(第一课堂教学内容考试，第二课堂不安排课程)。暑期小学期、寒假小学期为4周。

学程规划上，必修42学分，第一课堂按照单一专业毕业者选修不少于62学分，第一课堂按照双专业及以上毕业者选修不少于30学分。

3.2 学生管理服务体制与组织保障体系

为适应个性化大类培养的模式要求，服务“以学生为中心”的学生成长体系，信息学院紧紧围绕服务学生成长的主题，进一步完善学生服务与管理“宿舍-班级-学院”三级管理体制，形成“学生组织社团体系、学生心理辅导体系、学生科研奖助体系和学生就业创业体系”四大组织保障体系。同时，学院利用信息化平台加强信息沟通和反馈，将横向三个管理层面和纵向四大保障体系作好衔接配合，加强主动引导和民主管理，实现学生素质和学生课业成绩明显改进，各种突发事件的发生率明显下降的良好成果。

3.2.1 学生组织社团体系

完善的党团学社团四层体系，联结宿舍-班级-学院三个层面。

信息学院党团建设坚持严格选拔制度，全面提升学生思想理论水平与综合素质。学生党员队伍建设方面，党员推优、优秀党员评比活动均有规范制度和流程，以公开、公平、公正的民主氛围保证了优秀的党员素质。在学生党支部开会中，大家畅所欲言，将提高党员思想高度、优化学院党团建设的工作真正落到了实处。

团支部的建设方面，以班级为单位的团支部是团委工作重点。团支部定期开展主题团日活动，就实事进行讨论，共同学习先进事迹，邀请专家举办热点专题讲座，举行文体竞赛活动。丰富多彩的班级活动对团学活动做了灵活的补充。学院为每个班级配备了班主任和辅导员，其中班主任由学院教师担任，辅导员通常从研究生一年级的学生中选拔。

以下为党团学社团四层体系主要组织设置情况。

1. 信息学院学生党总支

信息学院学生党总支成立于2007年9月,隶属于中国共产党中国人民大学信息学院委员会(简称中国人民大学信息学院党委)。作为中国人民大学第一个试点学生党总支,主要着重于实践学生党员自主管理,并协助党委工作,寻求进行学生思想政治工作的更好方法,以及更好地推动学生党员的组织、发展、教育等方面的工作。

信息学院学生党总支具体的组织管理工作主要由学生党员自主完成,从学生实际情况和需求出发,充分发挥其创造力和活力,在组织建设,党员的发展、教育和管理等各方面都有不同程度的探索和创新,并取得了一定成绩,于2009年被评为"校级先进党支部",2012年被评为"校级创先争优十大先进党组织"。

在党组织建设方面,信息学院学生党总支一直坚持根据不同年级、不同背景决定具体实践的原则,并遵循一定的规律,建立基本体制。例如,每年大一新生党员入学后以年级建立支部,由大一辅导员担任支部书记和支部委员,对新生党员进行组织纪律、支部活动及管理等方面的培训和教育;在此过程中根据党员的不同情况进行培养,待进入高年级后逐渐促进其自治,并根据各专业和班级党员分布情况,具体实施将支部建立在班级的工作。

2. 信息学院学生会

信息学院学生会于1978年成立,近十年来,信息学院学生会认真贯彻"自我学习、自我管理、自我服务"的方针,坚持"来自于同学、植根于同学、服务于同学"的工作路线和工作方法,不断拓宽工作领域、创新工作模式、改进工作方法、优化组织架构、完善自身职能,以加强思想政治教育为先导,以提高青年学生的综合素质为主线,以丰富多彩的主题活动为依托,努力为全院同学健康成长和全面成才提供良好的环境和广阔的舞台,切实改进和创新学生会的各项工作,以构建和谐信息、和谐校园为己任,为我院学生工作的蓬勃发展

做出了应有的贡献。学生会工作和主要职能包括：

其一，提高同学爱国热情，关注思想动态。

积极开展思想政治学习活动，每年九月组织新生的爱国主义教育，开展五四纪念活动，定期开展团学干部的培训。紧密地结合当下时事，为灾区人民祈福募捐，参加建国六十周年群众游行训练，在2008年奥运会国家体育馆、奥运村、张自忠路铁狮子胡同人大旧址及圆明园留下身影。

其二，营造和谐氛围，增强学院归属感。

从入学开始，分团委学生会组织迎新接待，召开迎新大会，为同学们在复杂的报到程序中提供帮助，开展新生辩论赛、新生经验交流会等相关活动。“甘之若宿”宿舍文化节、班级橱窗建设、新生班级风采展示以及信息文化节等一系列活动会帮助同学们在自我管理，自我展示的过程中，加强信息人的主人翁意识；师生合唱、院长下午茶，使得同学们在与学院老师交流的过程中，进一步体会到了作为信息大家庭中的一员的温暖。而每年的毕业生晚会又帮助同学们为四年的生活画上了一个更为圆满的句号。

其三，着力学术发展，创建学习信息。

学生会组织ACM程序设计大赛，加强编程能力；面对同学们多方面协调发展、开拓能力的需求，学生会在学院范围内组织“创新杯”“创新试验计划”等活动；面对大家对大学学习以及相关专业特点前景的困惑，开展一系列丰富多彩的经验交流会；营造“名企面对面”的亲身体验氛围，解决同学们毕业后就业发展的疑难；筹办实验室开放日，回应大家对高深学术的热情。

其四，坚持文体兼修，促进活力信息。

学生会组织同学积极参与各类文化活动并获得良好名次。从2009年的“真爱信息”元旦联欢会到2016年的“萨师煊奖”颁奖典礼，全力投入，获得全院师生良好口碑。在体育赛事方面，积极组织参与校运动会，校新生运动会，并在校级的篮球赛、足球赛、排球赛、羽毛球赛、乒乓球赛、健美操大赛等多重比赛中取得了良好的成绩。除此之外，学生会也积极组办院内的各项赛事。“人大金仓杯”信息学院羽毛球邀请赛、信息学院趣味运动会、“金色童年”主题联赛、新生素质拓展活动、学院篮球赛、足球联赛、新生篮球足球赛、定向越野比赛等体育赛事，为学院内爱好体育的同学们提供了一个融对抗性趣味性于一体的舞台。

其五，加强内外交流，力创开放信息。

学生会重视自身成员之间的交流沟通与组织建设。不断组织内部培训，内部考核，不断地建立健全工作制度和规范的项目流程。学生会注重加强各项规章制度的建设，对各部门间分工合作等重要环节制定合理明确的要求，使各部门各项工作的开展有章可依。从而用制度的力量凝聚人心，解决争议问题，促进学生工作的和谐发展。学期内部定期组织春游、秋游，通过组织内成员拓展训练加强团队协作精神。另外，分团委学生会每年六七月份组织分团委学生会部长级以上成员到全国各地进行集体暑期社会实践，2009 至 2017 年先后到辽宁锦州、天津市、河北唐县、河北张家口、江苏常州、内蒙古等地进行社会实践，并多次取得优秀实践成果奖。

3. 信息学院学生协会与社团

信息学院学生组织的学生协会与社团主要包括：播种爱心、传递关爱的青年志愿者协会；交流专业知识、学以致用的计算机协会；机智严谨、诙谐幽默的信息学院辩论队；抒发心声、答疑解惑的院内信息交流平台——《信息月刊》编辑部。信息学院学生协会与社团秉承“人言自心”(“信息”二字的拆分)的信息特色，以低调踏实、精益求精的行事风格，锻炼自身能力，展现学生风采。

(1) 青年志愿者协会

中国人民大学信息学院青年志愿者协会由志愿从事公益活动的大学生青年志愿者组成，是直属信息学院分团委的学生组织。

协会宗旨是弘扬志愿精神，参与志愿服务，坚持服务学校、服务

社会。通过组织和指导学院青年学生志愿者的社会公德公益服务活动,倡导团结友爱、积极进取、服务社群的新风。同时有效整合校内外资源,发挥志愿者的作用,为协会的发展奉献力量,积极融入北京和周边地区,服务社会公益事业。

协会主要活动内容主要包括,培养大学生青年的公民意识、奉献精神和服务能力,促进青年健康成长,进一步提高大学生综合素质;多渠道加强学校大学生青年与社会的接触,进一步开展青年社会实践活动,拓宽大学生青年的知识面;协调和指导学院各级、各类青年志愿者工作,组织和带领青年志愿者开展广泛的社会服务,展现学院风貌。为学院建设、公益事业、安全防范、科普宣传、环境保护及大型社会活动及其他社会公益活动提供志愿服务,为具有特殊困难、需要帮助的师生员工及其他社会成员提供服务;加强信息学院各届校友间的联系,开展与校友的互动交流,协办学院各届校友会。

(2) 中国人民大学计算机协会

中国人民大学计算机协会是直属于中国人民大学校团委社团部的校级学生社团。自1992年5月成立至今,已在风风雨雨中磨砺了25年。目前是中国人民大学里唯一的一个理工类公益服务型的学生社团。

协会致力于为中国人民大学全体计算机专业人员及爱好者普及计算机基础知识和实用技术,交流信息技术最新成果,义务为全校师生服务,希望打造一个人大学生自由、开放、民主、平等的学术与技术交流平台。协会秉持“公益、学术、服务、创新”的理念,期望丰富校园计算机文化,丰富同学的课余生活,构建和谐的校园氛围。协会的愿景是让每位会员都能自由并充分地参与项目的每一个环节,激发潜能,提升团队协作能力,在协会中得到锻炼和成长,并收获真挚的友谊。

(3) 信息学院辩论队

信息学院辩论队是许多同学实现梦想,认识自己,拓展人脉的平台。至2017年,中国人民大学信息学院辩论队参加过全校全部23届辩论赛。身为理工科学生,信息学子在辩论中不仅发扬着追求严谨、重视逻辑的风格,同时不失恰到好处的诙谐幽默,在辩论中彰显着理性和智慧的光辉,这些都维持着信息学院辩论队长久以来勃勃的生机。其强劲的实力也使辩论成为信息学院的代表活动之一。在2005年、2008年和2010年信息学院辩论队三次登上中国人民大学校赛顶峰,夺得总决赛冠军。

信息学院辩论队在不断完善中形成了一套完善的组织机制,组建形成了以高年级同学为指导,并设置一到两名队长负责联络与组织的总体架构。同时,我院辩论队也在逐渐丰富对外交流,与各院辩论友人达人结下了深厚的情谊。从2006年开始,辩论队的辩手还在学校的院际辩论友谊赛、“二人制”辩论赛以及其他一系列辩论活动中与人民大学众多优秀辩手互通有无、共同进步。

(4) 中国人民大学ACM队

ACM-ICPC(国际大学生程序设计竞赛)是由ACM(美国计算机协会)组织的每年一度的全世界计算机程序设计竞赛,始于1970年,是全球大学生计算机程序能力竞赛活动中最有影响的一项赛事。竞赛要求参赛选手掌握计算机理论知识;并且对于高效算法的选用、代码编写的精准、程序调试的快捷以及团队合作精神有着很高的要求。

2000年首次组队参赛,并取得了第29届、第30届、第37届和第38届ACM-ICPC世界总决赛权。ACM代表队的荣誉的获得是信息学院教学成果的体现。也是对中国人民大学程序竞赛能力以及培养选拔优秀计算机理工科人才教育方式的肯定。

(5) 信息月刊杂志社

《信息月刊》是信息学院院内刊物,双月出刊。每年大约有6期左右的刊物出版,发行量在500至2000本左右。《信息月刊》自1994年创刊,秉承“人言自心”(“信息”二字的拆分)的办刊宗旨,为

信息学子们提供表达意见、交流思想的平台，是人民大学理工类学院中唯一的杂志性刊物。《信息月刊》由中共中国人民大学信息学院党委指导，共青团中国人民大学信息学院分团委主管，在组织上设有新闻部、编辑部、设计部、摄影部，策划部五个部门。

月刊中心活动是发行刊物，其他活动包括招新、刊物编辑技巧培训（如相关排版软件使用、图片处理讲座，采访技能培训等）、承办院内相关活动（如2008年征文比赛活动，2009年院史院情知识竞赛活动等）。

3.2.2 学生心理辅导体系

信息学院设有学生心理辅导四个层级机构。学生心理辅导的第一层级为中国人民大学心理健康中心；第二层级为中国人民大学信息学院心理辅导中心；第三个层级为班级辅导；第四层为宿舍辅导。学生心理辅导主要为一对一心理辅导。

中国人民大学心理健康中心有校内专职咨询师4人（胡邓、周莉、侯瑞鹤、徐紫微），校内兼职咨询师4人，校外兼职咨询师11人。这些咨询师皆为拥有博士学位和职业资格证的专业心理辅导人员，为所有学生提供随时接待服务。

信息学院心理辅导中心有专职老师1人，负责组织新生进行心理状况统计排查，锁定重点关注对象，对遭遇突发事件的同学进行重点监控，重点辅导。

信息学院为每个班级设置心理委员1名。由于心理委员的学生身份，每天和班级同学生活、学习在一起，便于发现和监控重点专注对象，方便及时发现问题。同时每个班的班主任、辅导员也有心理辅导方面的工作开展。

宿舍是日常学生学习生活的重要场所。在心理辅导中具有更加重要的作用。每位宿舍长承担本宿舍同学日常关心与交流沟通工作，定期参加学院心理辅导工作培训，以便第一时间、稳准发现问题、解决问题。

如表 3.2 所示,信息学院构建了以学生为主体的心理辅导体系,开展不同层面的多渠道辅导工作,实现心理健康教育与辅导的基本覆盖。

表 3.2　信息学院学生心理辅导体系

渠道名称	指导执行者	指导方式	指导频度	受益人数
心理健康	专职教师	授课	每周一次	全体学生
学校心理咨询中心辅导	心理健康中心专家	单独辅导、集中	1～2 次/学期	30
院级心理辅导室	学院专职辅导员	集中或单独面谈	10～15 次/月	100
班主任心理辅导	班级班主任	谈话	每同学 1 次/学期	600
班级心理委员	班心理委员	组织活动	1～2 次/学期	50
宿舍心理辅导	宿舍长	交流沟通	日常	全体学生
心理讲座	社会知名专家	集中讲座	1 次/学期	150

3.2.3　学生科研奖助体系

学校为信息学院提供专项预算支持学生参加 ACM 分区赛和全球总决赛、北美及全国大学生数学建模竞赛、信息安全竞赛。教务处每年支持各类学科竞赛总经费 30 万元。

大学生创新性实验计划,每年获取批准的项目可以从国家、北京市或者学校获得不同程度的资助,国家级项目资助 1 万元,北京市级项目资助 5000 元,校级项目资助 3000 元。

信息学院建立学生科学研究支持政策,鼓励本科生发表高水平论文,并资助本科生参加国际一流会议,不同地区的资助额度不同。

各项支持措施极大鼓励了本科生参与学生创新活动的积极性,并从资金上确保学生能做出一定的成效。近几年本科生在 ACM 竞赛、国家大学生创新训练计划项目以及各类竞赛中都有不俗表现,

也作为主要作者发表了数篇高水平论文。

3.2.4 学生就业创业体系

在学生职业规划与就业指导方面，信息学院设有三个层级机构、三种形式办法。学生职业规划与就业指导的第一层级为中国人民大学就业、创业辅导办公室；第二层级为中国人民大学信息学院就业辅导办公室；第三个层级为班级辅导。学生职业规划与就业指导的三种形式为有学分的职业生涯规划课程，个体（或小团体）辅导，就业创业相关竞赛活动。

中国人民大学学生就业创业指导中心成立于1993年，随着大学毕业生就业体制改革的不断深化，中国人民大学学生就业创业指导中心也在不断进行着相应的革新，现在中国人民大学学生就业创业指导中心已成为集学生管理、就业指导、用人单位服务于一身的管理服务机构。

中国人民大学信息学院就业辅导办公室设立在学院层面，服务信息学院学生就业创业。其工作职能是为毕业生办理各种就业相关手续；接待用人单位，为用人单位来校选才纳士提供宣传、策划、组织、场地等全方位的服务；搜集发布各类就业信息；提供就业指导与咨询；收集、整理、分析毕业就业数据，为课堂教学、第二课堂、思想政治工作（含职业生涯发展）提供支持和参考。现有专职工作人员3名。

班级层面设有班主任1名、辅导员1名。班主任是学生班集体工作与学生学习、生活的组织管理者和指导者，是开展大学生思想政治教育的骨干力量，是大学生健康成长的指导者和引路人。班级辅导员协助班主任处理班级事务，参与班委会决策，向同学们提供学习、生活等各方面的经验与建议，帮助同学解决各种实际问题。具体到职业规划与就业指导方面，班主任和辅导员每学期至少开三次班会，在班会上做集体职业生涯发展和就业指导。班主任和辅导员每学期会对每位学生进行一次深度一对一辅导。

中国人民大学设有必修课“生涯发展与辅导”,课程内容主要是让学生认识到职业规划课程的作用,认识到职业规划与自身职业发展的关系,掌握职业规划的一些基本概念,掌握职业生涯规划的基本流程;在职业生涯规划与学生的生活、学习和未来的职业之间建立联系;讲解当前就业形势,讲解社会职业的变迁的要素,引导学生思考应对社会需求变化的办法;运用典型人物职业生涯发展事例来说明职业生涯规划的重要性,根据统计数据做出科学分析。

在个体(或小团体)辅导方面,中国人民大学学生就业创业指导中心每年约指导 80 人次;中国人民大学信息学院就业辅导办公室指导 300 人次;由班主任、辅导员团体辅导 138 场(约 3600 人次参加),一对一辅导 1000 余次。

学校、信息学院每年举办简历大赛、面试大赛、创业大赛等竞赛,要求所有学生参与,撰写简历,准备面试,组织专家进行点评。

另外,在学生职业规划与就业指导方面,组织“青云路”校友企业行、“青云路”校友大讲堂等活动,帮助每位学生联系一位学院校友,对学生进行为期四年的跟踪辅导。另外还有本科生导师制,为每位学生配备了校内导师,进行为期四年的跟踪辅导,如表 3.3 所示。

表 3.3　信息学院学生职业规划与就业指导体系

渠道名称	指导执行者	指导方式	指导频度	受益人数
职业规划课程	职业教师	必修课	每周 1.5 小时	大一所有人
学校就业指导中心	专业咨询师	单独辅导	自愿前往	
学院学生办公室	专职辅导员	专门辅导	自愿单独前往,每学期 8 次团体辅导	大一、大三所有学生
班级集中辅导	校友	以班会形式	每月一次	全体学生

续表

渠道名称	指导执行者	指导方式	指导频度	受益人数
讲座	公司 HR	讲座	每三月一次	全体学生
就业沙龙	学校	沙龙	每周一次	全体学生
创业指导	学校	培训	半月一次	学生自愿
简历大赛	学院	比赛	每年一次	全体学生
创业大赛	学校	比赛	每年一次	全体学生
青云路	学院	专门辅导	本科全程辅导	学生自愿
企业现场辅导	学院	参观讲解	每月1次	全体学生

中国人民大学信息学院本科生第二课堂通过提高学生的思想政治素质、文化素质、心理素质、创新意识、动手能力等多方面意志品质,延伸大类培养模式下课程学习内容。学生在本科阶段通过自行选择不同模块学习,产生第二课堂学分及成绩,形成交叉、复合的综合素质和创新意识。同时,为适应个性化大类培养的模式要求,形成"以学生为中心"的学生成长体系,信息学院紧紧围绕服务学生成长的主题,进一步完善学生服务与管理"宿舍-班级-学院"三级管理体制,形成"学生组织社团体系、学生心理辅导体系、学生科研奖助体系和学生就业创业体系"四大组织保障体系。

第4章

学生实践支撑体系

4.1 学生实践支撑体系建设理念

大学生实践教学是高等教育的重要教学环节之一，是指导学生理论联系实际、培养学生综合素质与创新意识的重要途径，是培养本科学生的动手能力、研究能力和创新精神的重要手段，是本科教学的重要组成部分。由于理工科专业的应用性、实践性较强，对学生的实践要求较高，实践教学在人才培养中有着其他教学方式不可替代的特殊作用。

我院历来重视实践教学，多年来逐步探索并积累了一批优质的实践教学资源和建设经验。在此基础上，为了进一步促进实践支撑体系建设，我院联合数据工程与知识工程教育部重点实验室、北京市信息技术实验教学示范中心等，于2012年和2014年相继成立，并获批了信息技术与管理国家级实验教学示范中心、基于大数据文科综合训练国家级虚拟仿真实验教学中心。这两个国家级实验教学示范中心为我院学生实践支撑体系建设提供了一流的平台。我院学生实践支撑体系建设的总目标是：探索“兴趣驱动、问题驱动、项目驱动”的实验教学新理念，建立“实验教学、学科竞赛、科学研究”三位一体的实验教学新体系，通过“资源共享、科教协同、校企合作”，建设国内一流的实验教学设施和平台，为实现我校“国民表率、社会栋梁”的杰出创新人才培养目标提供支撑。

我院在认真反思传统实验教学的不足的基础上，在建设国家精品课程“数据库系统概论”以及其他一些课程的实践中，探索了“兴趣驱动、问题驱动、项目驱动”的实验教学新理念，取得了很好的成效。新理念突破传统的“课堂讲授—课下实践”的模式，以“大作业”为抓手，带动实验教学，通过团队合作，让学生运用课程知识，自主地完成课题，最后通过集中展示和点评，小组之间相互学习、相互促进，使学生在实践中切实掌握本学科领域的解决问题的方法和手段。

信息学院的学生实践支撑体系始终坚持以实验教学新理念作为指导思想，将新理念贯穿于我院学生实践支撑体系的建设中。在强调扎实的课程学习的同时，通过读书笔记、学术讲座、编程集训和建模训练等措施加深学生的专业认识，扩展专业知识面以及培养学生实际动手能力和实际应用能力。同时鼓励同学们参加学科竞赛、创新实践计划，通过开放实验室参加课题研究，激发学生的学习兴趣，在提出问题、分析问题、解决问题的过程中，系统地培养学生的科研能力及科研创新精神。

4.2 学生实践支撑体系建设内容及成果

目前，新的教学理念已能够被教师普遍接受，并在实验教学改革中付诸实践。在学生实践支撑体系的具体建设工作中，信息学院从实验教学新体系建设、实验教学设施及平台建设两方面入手，确保新的实验教学理念得以落地实施。通过实验教学新体系建设，保证实践教学多形式、全方位开展，使得学生的实践动手能力得以充分锻炼；另一方面，实验教学设施平台始终保持国内一流水平，为实验教学活动提供了硬件保障。

4.2.1 “实验教学、学科竞赛、科学研究”实验教学新体系建设

我院从实验教学、学科竞赛、科学研究三方面入手，构建了完整

的实践教学支撑体系，主要通过程序设计编程集训、学科竞赛、创新实践计划、学术讲座等多个措施，将实践和科研能力的培养渗透在人才培养的全过程中。同时，建立了完善的制度保障各个实践教学环节的实施质量。在实际教学中，学生的实践动手和解决问题的能力显著提高，近几年学生在各类学科竞赛和大学生创新实验计划中的成绩屡获突破。

4.2.1.1 实验教学建设

实验教学建设是培养学生实践动手能力的基础工作。学院一直在积极探索实验教学方法的改革，推进教学方式转变，以有效实现课堂教学以学生学习为中心，在实验教学过程中实现学生实践能力、创新能力和自主学习能力的培养，贯彻落实我院本科人才培养目标。具体建设内容和成果如下。

1. "数据库系统概论"国家精品课程教学成果

"数据库系统概论"是中国人民大学具有传统优势的精品课程。以王珊教授、杜小勇教授和陈红教授为核心的数据库课程建设团队将"出版一流的教材、创建一流的教师队伍、树立一流的教学理念、组织一流的教学内容、开发一流的教学手段"作为目标，始终奋斗在时代的前列，课程建设取得了丰硕成果。

1）课程建设特色

(1) 与时俱进、不断创新。中国人民大学的"数据库系统概论"课程是国内最先开设的计算机专业课程之一。该课程于 2004 年荣获北京市精品课程，2005 年荣获国家精品课程，2016 年荣获国家精品资源共享课。2016 年又开设 MOOC 课程，包括基础篇、高级篇和新技术篇三部分。还建设了数据库精品课程网站和精品资源共享课平台。2017 年获得国家级精品在线开放课程和中国高校计算机教育 MOOC 联盟(CMOOC)联盟优秀课程。

(2) 本课程的教材历次获奖，在国内外享有很高的声誉。《数据库系统概论》教材第一版于 1988 年获国家级优秀教材奖，第三版于

2002年获全国普通高等学校优秀教材一等奖。至今出版了5个版本,累计发行超300多万册。先后被列入"九五"国家级规划教材、"面向21世纪课程教材"、"十五"国家级规划教材、"十二五"国家级规划教材,入选高等教育出版社"百本精品教材"。

(3) 本课程的教学团队由我国著名的数据库专家领衔,多次获得省部级奖励,教学研究水平高。本课程最早由萨师煊教授主讲,萨老师是我国数据库事业的开拓者。之后由王珊教授领衔建设,王珊教授是我国著名的数据库专家,先后获得北京市教学名师、国家教学名师。目前由杜小勇教授负责,他是中国计算机学会数据库专业委员会现任主任,是我国数据库领域一线专家。本团队集中了人大数据库的优势力量,包括5位教授和1位副教授,其中文继荣教授是国家"千人计划"特聘专家,陈红教授和李翠平教授都是新世纪人才获得者,卢卫副教授是CCF优秀博士论文获得者。他们不仅具有丰富的教学经验,还是科研和软件开发的学术带头人,使本课程教学内容丰富先进。

(4) 本课程坚持与时俱进,先后承担了一系列教改项目,持续改进提高教学质量。本课程承担的教改项目包括教育部项目2项,北京市教委项目1项,高等教育出版社项目1项,中国人民大学校级项目2项,与HP公司合作项目2项。这些教改项目从课程的不同方面进行研究实施,不断地提高了课程教学质量,丰富了教学内容和形式。例如,针对开设MOOC的需要,我们突破了工学类课程网上实验难的瓶颈,开发了数据库MOOC实验平台,保障了数据库MOOC的学习质量。

2) 课程应用情况

(1) 数据库系统概论MOOC课程选课人数多,受众面广。本课程自2016年4月在中国大学MOOC平台上开放以来,受到了各大高校师生以及广大社会学习者的喜爱。目前共开设3门MOOC课程,其中基础篇课程和高级篇课程已经开课4次。课程累计选课人数超过 18 万(到 2018 年 5 月 18 日为止)。课程讨论区问答比较活跃,课程主讲老师亲自在线解答学习者的问题,促进了课程学习的活跃度。图 4.1 为课程学习首页。

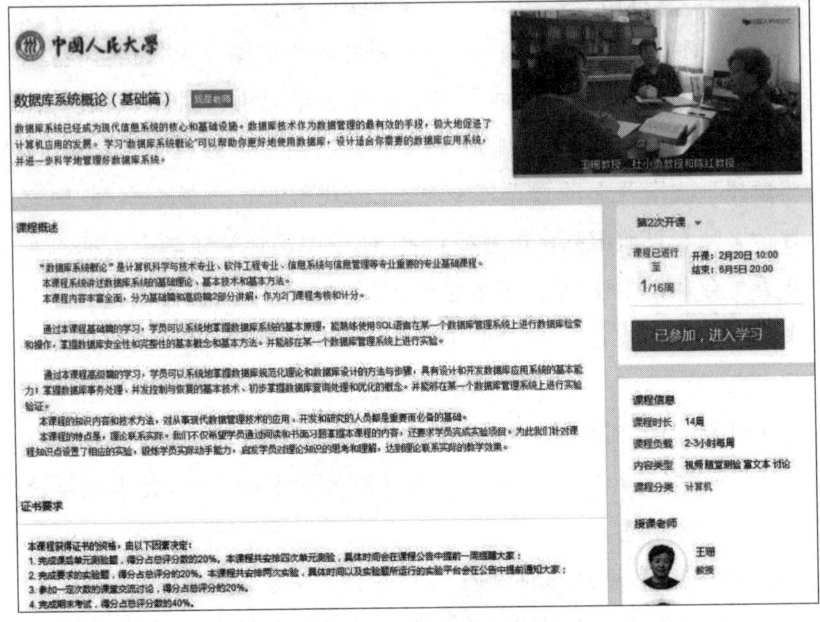

图 4.1 课程学习首页

(2) 课程实验平台应用广泛。本课程所建设开发的 MOOC 实验平台(如图 4.2 所示)应用广泛,该实验平台已支撑四个学期的 MOOC 在线课程教学。在此基础上,我们设计和开发了支持"MOOC+SPOC+课堂教学"的在线实验平台,该平台提供丰富的实验案例,学生通过该平台提交实验内容,系统能够实时、自动、准确地衡量学生对知识点的掌握程度,从而真正以"学生为中心",做到因材施教。该系统已经在中国人民大学和石家庄铁道大学中支撑"MOOC+SPOC+课堂教学",并得到包括北京信息技术大学等其他 26 所高校的使用申请。

(3) 课程成立数据库 MOOC 工作组,促进课程建设。中国高校

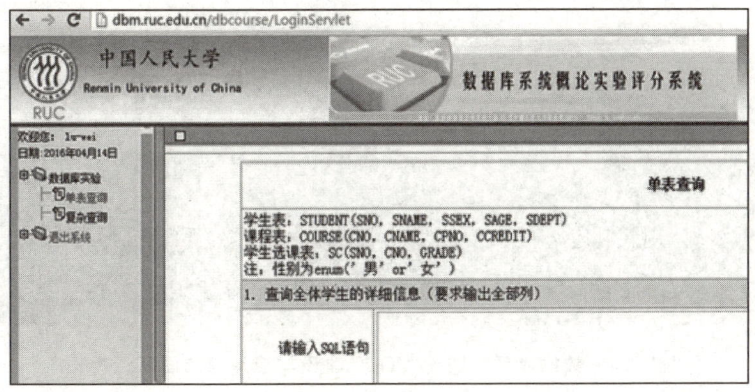

图 4.2　实验界面

计算机教育 MOOC 联盟数据库课程工作组(CMOOC 工作组)目前累计有 54 所高校参加。从 2017 年 1 月至 2018 年 5 月召开了四届数据库系统概论 MOOC 建设与应用研讨会,深入研究如何提升数据库 MOOC 的建设水平,建设 SPOC 和数据库实验平台,探索"数据库系统概论"传统课堂与 MOOC 的深度融合来提高大学本科数据库课程的教学质量,取得了很好的效果。图 4.3 和图 4.4 为第一届和第二届数据库系统概论 MOOC 建设与应用研讨会的代表合影。

图 4.3　数据库系统概论 MOOC 建设与应用第一届研讨会

图 4.4 数据库系统概论 MOOC 建设与应用第二届研讨会

(4) 课程所开设的 SPOC 效果好,经验丰富。本课程共开设 35 个 SPOC 班级,选课人数 2425 人。针对不同高校对课程的要求不同,分别开设了同步 SPOC 课程和异步 SPOC 课程。

2017 年春季学期我们将 SPOC 思想和技术应用在中国人民大学数据库系统概论课堂上,采用了新的教学理念和教学方法,取得了很好的效果。课堂采用了以学生为中心的理念;教学方法也有极大改变,在学生提前完成 MOOC 课程学习的前提下,仅使用 1 课时重新梳理知识点来完成授业,通过大作业和学生讨论来完成传道,通过课堂和讨论区解答学生问题来完成解惑。SPOC 课程的应用提高了学生对课程学习的兴趣,将更多的时间用于更深层次的学习,取得很好的课程考试成绩。

2. 实验教学改革

学院制定了“教师参加教学改革与教学建设研讨会”支持计划,鼓励教师们加强与同行之间的教学交流,推动我院教学建设与教学改革,全面提升人才培养质量。我院教师结合自己的专业实际,以教学实践中的实际问题为研究内容,积极申请各类教学改革立项,并探索研究性教学在学生培养方面有益的经验,为今后的课程教学改革指明了方向。在实验教学建设中,各课程以实验课程小组为单位组织实验教学,制定充分体现新的实验教学指导思想的实验教学大纲，编写实验指导书，制作实验教学课件，不断更新实验教材。合理安排实验学时，压缩验证型实验，加大综合设计型实验比例。鼓励高素质、有经验教师投入实验教学工作，充分发挥科研一线教师的作用，将科研成果及时应用作为实验教学成果，使实验内容不断拓展和更新，提高学生的工程设计能力。实验课程通过设立教改项目进行改革，取得了明显成效。近三年在建的实验教学建设及改革项目见表4.1。

表4.1 2015—2018年在建实验教学建设项目

类别	序号	负责人	项目名称	起止时间	项目来源
实验教学示范中心	1	杜小勇	信息技术与管理国家级实验教学中心	2012年—2015年	教育部
	2	杜小勇	基于大数据文科综合训练国家级虚拟仿真实验教学中心	2014年—2015年	教育部
培养体系研究	3	杜小勇	专业自主分流的大类培养模式与个性化复合型创新人才培养体系机制的深化与完善	2015年—2017年	北京高等学校教育教学改革立项面上项目
实验教学改革	4	王珊	数据库系统概论国家精品资源共享课	2014年—至今	教育部
	5	尤晓东	大学文科计算机教改开放社区	2015年—2017年	2014年教育部高校文科计算机教指分委教改项目
	6	战疆	面向计算思维的文科大学数据库课程建设	2015年—2017年	2014年教育部高校文科计算机教指分委教改项目
	7	张金玲	以提升网络信息素养为中心的Internet应用课程建设研究	2015年—2017年	2014年教育部高校文科计算机教指分委教改项目
	8	孙辉	Python程序设计	2015年—2017年	2014年教育部高校文科计算机教指分委教改项目

续表

类别	序号	负责人	项目名称	起止时间	项目来源
实验教学改革	9	覃雄派	“数据科学”实践课程设计	2015 年—2016 年	中国人民大学教师教学发展改革项目
	10	王珊	基于数据库 MOOC 的研究性学习研究	2015 年—2016 年	中国人民大学教师教学发展改革项目
	11	杨波	电子商务教学案例开发与建设	2016 年—2017 年	中国人民大学教师教学发展改革项目
	12	贾鲁军	教育信息化促进数学公共课教学改革	2017 年—2018 年	中国人民大学教师教学发展改革项目
	13	胡鹤	人工智能	2015 年—2016 年	中国人民大学本科研究性教学建设课程
	14	张倩伟	博弈论	2015 年—2016 年	中国人民大学本科研究性教学建设课程
	15	孙辉	程序设计实践	2016 年—2017 年	中国人民大学本科研究性教学建设课程
	16	杨刚	移动平台应用开发	2016 年—2017 年	中国人民大学本科研究性教学建设课程
实验平台建设	17	胡鹤	协同分组式在线学习平台建设	2015 年—2016 年	中国人民大学教师教学发展改革项目
	18	孙辉	程序设计在线课程学习平台研究与建设	2015 年—2016 年	中国人民大学教师教学发展改革项目
	19	胡鹤	研究性教学网站平台建设	2016 年—2017 年	中国人民大学教师教学发展改革项目

续表

类别	序号	负责人	项目名称	起止时间	项目来源
实验平台建设	20	卢卫	基于数据库 MOOC 教学的在线实验平台研究	2016 年—2017 年	中国人民大学教师教学发展改革项目
	21	焦敏	MOOC 环境下计算机网络虚拟实验平台的开发与应用研究	2016 年—2017 年	中国人民大学教师教学发展改革项目
	22	胡鹤	科研期刊申报管理平台建设	2017 年—2018 年	中国人民大学教师教学发展改革项目

3. 程序设计编程集训

在实际的本科教学工作中我们发现，很多学生对于编程有强烈的畏难情绪，以至于部分学生因此萌生了放弃学习我院各专业的念头。这一现状成为困扰我院本科教学工作的一大难题。为了克服这一困难，强化学生计算机编程能力，我院利用暑期学校建设了实训课程，用以加强学生程序设计实践的教学和训练。自 2011 级起，学院在培养方案中增加了针对大学一年级的暑期编程集训。集训时间为暑期两周时间，利用第一学年结束的暑假，以讲练结合方式进行封闭式集中训练。学生们在课程中利用所学的 C 语言和 C++ 语言，经过自己设计、调试，完成一个个类似贪吃蛇、五子棋等大型实验。

几年来，课程在建设过程中不断改革和探索。为了更好激发学生对程序设计的兴趣，课程将游戏对抗引入教学中，要求学生通过编写程序控制游戏的一方与对手的程序进行对抗，并按照程序的战绩排名评分。同时为了更好地展示这种新的对战程序，课程完成了在线对战平台的设计与开发，在该平台上学生可以随时提交自己的游戏代码，选择与系统中已有的程序进行对抗，并在系统可视化模块的帮助下动态地重现整个对弈过程。此外课程强调了团队合作，加入了团队合作项目，组织了教学班之间的程序对抗赛，取得很好的教学效果。

在实际的教学效果中我们看到，暑期编程集训这一举措，切实加强了程序设计基本技能的培养，帮助学生克服程序设计中的障碍，消除畏难情绪，提高了学生综合分析、综合设计能力，为后续信息与数学学科的学习与实践奠定了扎实的基础。

4.2.1.2 学科竞赛

学科竞赛是实践能力培养和训练的另一重要途径。在学生参加的各种学科竞赛中，我院主要组织学生参加全国大学生数学建模竞赛、北美大学生数学建模竞赛、国际大学生程序设计竞赛、全国大学生信息安全竞赛以及全国大学生计算机设计大赛等。学院对于学生参加学科竞赛的活动高度重视，为各个竞赛提供全方位的支持，包括：成立竞赛项目、开设竞赛课程、组织主题培训、举办校内比赛等。例如：

针对数学建模竞赛，我院每年于春季学期开设面向全校的数学建模课程，共 2 个课堂，人数约 250 人左右。每年 8 月组织精壮力量成立数学建模竞赛教师指导小组、积极组织学生进行赛前培训、课外辅导。9 月，我校 100 多支参赛队将在为时三个昼夜的比赛中进行角逐，竞赛成绩逐年提高。

针对国际大学生程序设计竞赛(ACM-ICPC，ACM International Collegiate Programming Contest)，我院专门设立了“基于 ACM-ICPC 培养创新型计算机人才”项目。项目每年都成立 ACM 队伍，成员由计算机竞赛类自主招生的学生及对计算机竞赛感兴趣的学生组成，由朱青老师带领，每周进行有组织的训练，并于暑假期间参加 5～6 场的比赛，地点包括长春、沈阳、上海、重庆等多地。为了提高学生的竞赛水平，项目指导老师采用“多方位指导”的教学方法，邀请兄弟院程序设计与算法界知名专家学者为学生进行专题讲座，与兄弟院校的 ACM-ICPC 选手研讨、交流，进行友谊比赛。这一方法不但使学生充分认识到了 ACM-ICPC 的意义，也增强了学生热爱专业、致力于专业课程学习的积极性，同时为进一步深入研究开拓了视野，显著推动了高水平人才培养和教学改革。

本项目取得了以下成果：

(1) 从学生培养的角度看，在培养 ACM-ICPC 参赛选手的同时，培养更多具有较强程序设计与算法的理论和实践知识的计算机专业人才，使学生掌握程序设计与算法的基本原理、方法和应用技术，掌握将程序设计与算法应用于系统设计和应用开发的技能。

(2) 从课程建设的角度看，树立先进的教学理念，组织与国际接轨的教学内容，开发新型的教学手段，形成科学的教学与科研的培养模式，做到高起点、高标准、高要求，体现先进性、科学性和示范性，同时在培养计算机人才方面，具有很强的辐射性和影响力。

(3) 从实验教学改革的角度看，建设了一整套课程资源，包括：出版了专著《计算机算法与程序设计》(作者：朱青，清华大学出版社)，编写了内部算法教材《面向 ACM 的程序设计与算法》，另建设了一套完整的教学大纲、双语电子教案(PPT)、教学内容要点难点、难点内容动画演示、习题与分析解答、模拟试卷与答案、课程实验和实验示例等资源，开发了配套"面向 ACM 的程序设计"网站。此外，将学生送入实验室，参与实际应用项目的研究与开发。

近年来，学校各级领导、部门对学科竞赛活动、科技创新活动高度重视，为各项竞赛活动屡获佳绩奠定了坚实的基础。每年年底，我院还举办"信火相传"萨师煊精英基金颁奖典礼，为本年度在各类学科竞赛中获得优异成绩的学生授予奖项。"萨师煊精英基金"继承和发扬以萨师煊教授为代表的老一辈学者关爱后学，培育人才的优良传统。该颁奖典礼现已成为我院每年度的亮点活动，引领着信息学子回首过去辉煌，更敦促其在新的一年里砥砺前行，再创佳绩。优异的竞赛成绩是我院课程改革的成果，也是"明德图灵"厚重人才培养项目的重要成果。我院学生在各个大型、国际性的理科及交叉学科赛事中取得良好成绩，展现了精干的理工科对人文社会学科的强大支撑能力，是我校"文理交融，多元并举"学科发展理念的良好展现(学生参加学科竞赛成果详情可参见第 5 章)。

4.2.1.3 科学研究

信息学院历来重视学生科研能力的培养,通过鼓励学生参加科学研究,提升学生的科研创新能力。为此,我院充分利用教师手中丰富的科研项目资源,开放实验室,鼓励学生参加课题研究,训练学生的问题求解、系统设计以及方法探索能力;进一步拓展国家大学生创新性实验计划和中国人民大学科研基金项目,激发学生的创新意识,提高创新实践能力。同时坚持“教研结合”“校企结合”,通过多种渠道设立学生课题。

1. 本科生进实验室参与科学研究

我院支持学生接触并参与科研的工作从本科生入学就启动,渗透学生本科四年的学习过程。学院每年开展各实验室的开放日,鼓励同学积极参与。此外,举办学术讲座让学生开阔眼界,接触学术前沿。从一二年级开始,就遴选一些基础较好、对科研感兴趣的同学进入实验室。在此基础上,各实验室招收三年级实习本科生,通过参与课题研究,对学生进行系统的科研训练。

2016 年我院新获各类项目 41 项,其中,国家重点研发计划项目 1 项,项目经费 607 万元;国家自然科学基金项目 8 项,经费 541.72 万元;国家社会科学基金项目 4 项,经费 195 万元;其他合作项目 28 项,经费 499.1 万元。2017 年,新增国家级科研项目 13 项,获国家级资助总经费 1330 万元;省部级项目 5 项,企业合作项目 10 项,其他项目 9 项,新增科研经费 2256 万元。此外,我院和华为、腾讯等多家公司进行企业项目合作。各项目均引导优秀本科生参与,为他们提供实验环境,由项目负责人进行指导,通过让学生跟随导师、博士生、硕士生一起参与项目及科学研究,让学生提前受到良好的学术熏陶,培养学生的科研素养。

2. 拓展本科生开放创新实验项目

为了倡导以本科学生为主体的创新性实验改革,培养学生提出问题、分析问题、解决问题的兴趣和能力，激发学生的创新思维和创新意识，我院积极开展国家大学生创新性实验计划和中国人民大学科研基金项目，受到了学生的广泛关注。近几年，我院各类创新实验项目的质量和数量都在稳步上升。申报者在项目建设期间，在导师的指导下，完成选题、申报书撰写、结项、答辩等全过程，充分调动了学生的主动性、积极性和创造性，最大限度地发挥了创新实验计划对学生思考和探索能力培养功能。

2016年我院支持“大学生创新实验项目”13个，其中国家级7个，北京市级4个，校级2个。2017年获批“大学生创新实验项目”立项20个，其中国家级9个，北京市级8个，校级3个；获批“中国人民大学本科生科学研究基金”项目立项7个。近五年中心获批“大学生创新实验项目”立项情况如表4.2所示。

表4.2　近五年参加“大学生创新实验项目”立项情况表

立项年度	国家级	北京市级	校级
2013	5	1	0
2014	4	3	2
2015	5	6	2
2016	7	4	2
2017	9	8	3

3. 通过多种渠道设立学生课题

我院通过与科研院所、行业、企业合作建设联合实验室及实践基地，探索协同培养人才的新机制。建立专业实验与专业训练、专业技能培养与实践体验相结合的实验教学模式，打造贴近实际的实验环境，联合科研院所、行业、企业、社会共同建设实验室、研发基地等，实现专业实验与科学研究、工程实际、社会应用相结合。目前已建的联合实验室和实践基地如表4.3所示。图4.5为数据科学联合实验室揭牌仪式。

表 4.3　目前已经建设的联合实验室和实践基地名称一览表

序号	合作单位名称	联合实验室或实践基地名称
1	京东商城	大学生实习实践基地
2	人大金仓科技有限责任公司	大学生实习实践基地
3	北京南天软件有限公司	大学生实习实践基地
4	北京中科红旗软件技术有限公司	大学生实习实践基地
5	北京超图软件股份有限公司	大学生实习实践基地
6	澳大利亚昆士兰大学	中澳数据工程与知识工程联合实验室
7	派择科技有限公司	派择科技-中国人民大学商业数据科学联合实验室
8	北京国双科技有限公司	人大——国双大数据科学联合实验室
9	数据科学联合实验室	华东师范大学——中国人民大学——印孚瑟斯数据科学联合实验室
10	华为技术有限公司	中国人民大学——华为数据科学联合实验室

图 4.5　中国人民大学信息学院杜小勇院长与华东师范大学汪荣明副校长、印孚瑟斯公司 CEO 史维学博士共同为联合实验室揭牌

4.2.2 实验教学设施和平台达到国内一流

实验教学设施和平台建设是实践教学开展的必备支撑条件。信息学院通过“资源共享、科教协同、校企合作”等多种形式，在着力建设专业实验室的同时，建设了内容丰富水平先进的信息化平台，并加强校企合作，构建功能集约、资源优化、开放充分、运作高效的跨专业、跨校企的各类实验教学平台，为学生自主学习、自主实验和创新活动创造条件。

4.2.2.1 专业教学实验室建设

我院专业实验教学实验室建设与管理工作主要由中国人民大学信息技术综合实验室承担。自 1999 年成立以来，在“中国人民大学信息学院世界一流学科建设项目”、改善基本办学条件专项等经费的支持下，信息技术综合实验室的基础教学环境得到了极大的改善。目前主要面向学院和学校的本科生、研究生提供全面先进的实验环境，在学校学院的创新性人才培养和学科建设中发挥了重要的作用。目前已建成了计算机网络实验室、多媒体技术实验室、嵌入式系统实验室、信息安全实验室、电工与电路实验室、EDA 实验室、计算机软件实验室，同时开始支持研究型实验室。综合实验室形成了专业研究实验室、专业教学实验室和面向全校的计算机教学实验室的“三层一体”的实验室体系建设。信息学院信息技术综合实验室于 2007 年荣获北京市实验教学示范中心，于 2012 年参与建设并获批信息技术与管理国家级实验教学示范中心，2013 年获批基于大数据文科综合训练国家级虚拟仿真实验教学中心。目前综合实验室所管理的仪器设备总价值 4919.5 万，实验设备总数 3563 台件。

教学实验室现在共有 216 台计算机供全院（校）学生使用，教学实验室面积为 600 平米，其中嵌入式系统实验室、多媒体实验室各为 50 平米；计算机网络实验室、信息安全实验室、EDA 实验室和电工电子实验室各 100 平米；学院网络和服务器机房 150 平米。

表4.4为实验室布局。2017年度教学实验室承担实验教学课程67门(含上机、上课),实验课时数总计92680学时。承接暑期编程集训,课时数总计3416学时。实验员每学年承担实验课程14门,极大地支持了实验课程教学和发展。

教学实验室和会议室采用8:00-22:00开放,周六日全天预约开放,支持全校全院实验上机上课。我院很多课程都需要大量的软硬件工程训练,上机实践环节必不可少,我院为选修这些课程的学生专门安排了机房用于进行工程训练,在上机时间也有任课教师、实验员或助教在机房进行讲授、指导和答疑工作,帮助学生提高动手能力和解决复杂工程问题的能力。实验室将教学与科研联系起来,协调实验与“教”“研”的关系,提高综合性、设计性和创新性实验的比重。实验室还对全校学生辐射,支持全校学生的自由上机和学生的第二课堂以及社会实践,例如为ACM竞赛、数学建模竞赛、大学生创新实验计划、“创新杯”、信息安全竞赛、信息学院网站小组等提供专门的机房和服务。

信息技术综合实验室已经建设成为一个具有坚实的学科基础、拥有先进的实验体系和一流的实验环境的实验教学基地和科研能力培育基地,大大提高了学生的实践动手能力。

表4.4 实验室布局

实验室名称	实验室功能	面积(单位:m^2)	实验室位置
公共课实验室	全校本科生计算机文化基础实验	1000	明德楼地下一层
软件实验室	本院本科生、研究生计算机软件体系结构、软件工程实验	400	理工楼配楼二层(共用)
嵌入式系统实验室	本院本科生、研究生嵌入式系统实验	50	理工楼配楼二层201B
多媒体技术实验室	本院本科生、研究生多媒体技术、计算机图形学实验	50	理工楼配楼二层202B

续表

实验室名称	实验室功能	面积（单位：m^2）	实验室位置
信息安全实验室	本院本科生、研究生信息安全专业实验	100	理工楼配楼二层203B-204B
计算网络实验室	全校和本院本科生、研究生网络实验	100	理工楼配楼二层205B-206B
EDA实验室	本院本科生EDA、计算机组成原理实验	100	理工楼配楼二层207B-208B
电工电子实验室	全校本科电工电子实验	100	理工楼配楼一层
核心网络服务器机房	为全院服务的网络设备及服务器	150	理工楼配楼二层

4.2.2.2 信息化平台建设

我们的信息化平台建设工作主要分为三个方面：实验教学资源平台、学科竞赛平台、资源共享及宣传管理平台。

1. 实验教学资源平台

1）信息技术与信息管理国家级实验教学示范中心资源平台

中国人民大学信息技术与信息管理国家级实验教学示范中心资源平台（如图4.6所示）向外界展示我中心的信息及建设成果，并提供中心实验教学资源的访问入口，便于学习者了解中心情况，开展学习及实践训练。

2）基于大数据文科综合训练虚拟仿真国家级实验教学示范中心资源平台

基于大数据文科综合训练虚拟仿真国家级实验教学示范中心资源平台（如图4.7所示）通过虚拟仿真实验教学进行情景模拟，让学生通过提前阅读案例材料与在线参加计算机模拟，身临其境，能切实提升教学效果，提高学生的动手能力。平台购置了农业部农作物生长情况数据集（3GB）、微博数据集（4TB）和新闻热点事件数据集（500GB）。

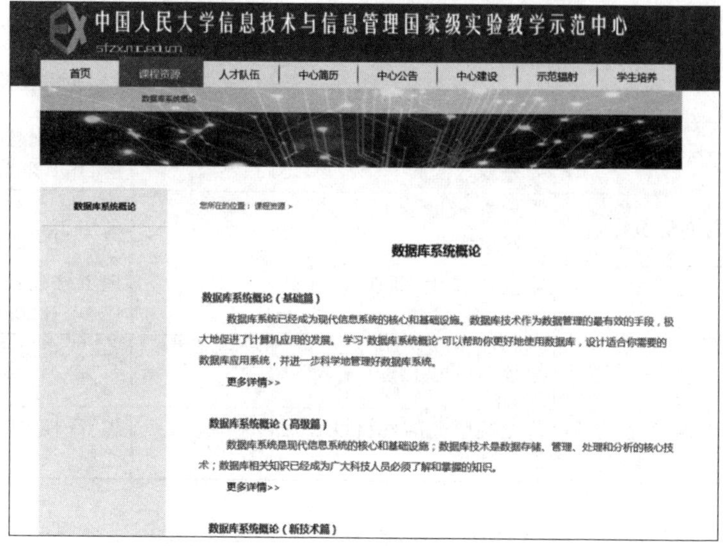

图 4.6 信息技术与信息管理国家级实验教学示范中心资源平台

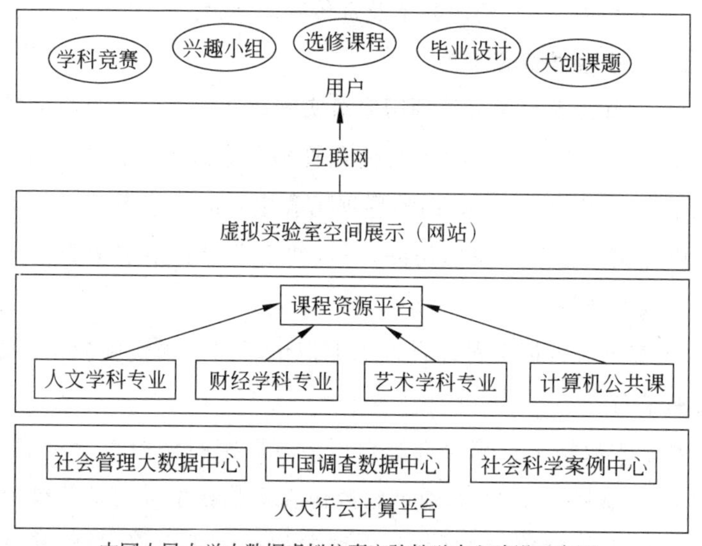

中国人民大学大数据虚拟仿真实验教学中心建设示意图

图 4.7 基于大数据文科综合训练虚拟仿真国家级实验教学示范中心资源平台

3）信息学院虚拟实验教学云中心

该平台为学校教学科研服务与信息化管理提供了重要支撑，充分利用了虚拟化、云门户等信息化技术，目前具有750个虚拟教学节点，有效地系统性解决了学校教学、科研活动中存在的基础环境、资源建设、数据交换与分析以及服务资源整合等多方面问题，实现了有限资源最大化利用，提高了教学科研服务的效率和水平。

4）数据库精品课程教学网站及实验平台

数据库精品课程提供了全面的课程学习，三位数据库专家教师的实时课堂授课，生动形象的24个动画演示，考试平台，课程11个实验及报告，精心设计的学生大作业，最新的技术前沿，及时在线答疑等。同时，构建了MOOC环境下的数据库系统概论实验平台。支持在线SQL语句评测和考试，能够及时有效统计分析学生的学习质量，从而辅助教师准确把握教学中的重点难点，不断提高教学质量。

5）“人大行云”平台

该云计算平台由128台服务器构成，拥有13TPFLOP的计算能力、近1P的存储容量，支持所有虚拟实验的计算资源和数据资源。平台已承担多项国家级重大课题，包括“海量弱可用信息上知识发现、演化与服务的理论和技术研究”“海量非结构化数据管理系统结构、测试与标准制定”“网络大数据感知融合与表示方法研究”等。加强了对外开放共享，新增了昆士兰大学、华东师范大学等高校使用“人大行云”云平台，联合开展科研项目。

6）计算机网络虚拟仿真实验教学平台

计算机网络虚拟仿真实验教学平台（如图4.8所示）结合理论课程与实验课程中难以理解的概念、原理、协议以及学生操作实验中的困难等诸多实例，并根据网络协议应用和虚拟环境而开发。在平台上可对网络设备进行操作，摆脱“纯虚拟”实验的弊端，进行高度仿真的虚拟实验,提高动手实践的能力。

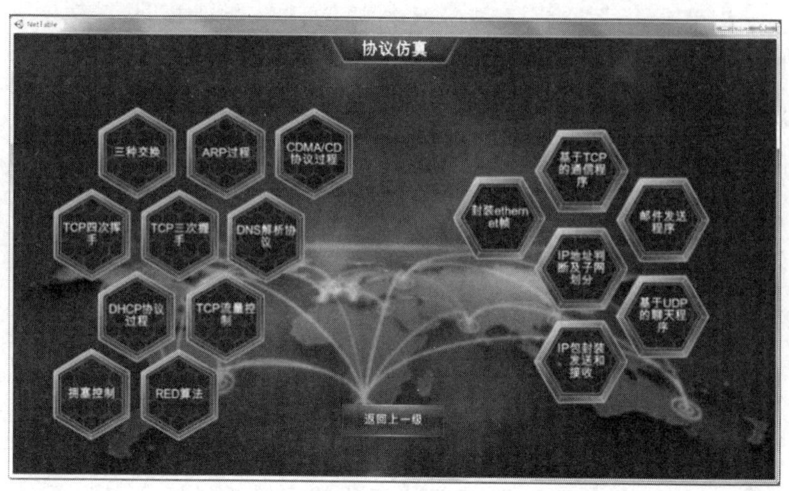

图 4.8　计算机网络虚拟仿真实验教学平台

7) 程序设计在线评测系统(YOJ)

在线程序设计评测系统简称 YOJ。该系统为同学们提供了一个在线学习交流的平台,打破了时间和地域的限制,随时随地可进行编程。通过系统的测评结果带来更多改进机会,给学生更多机会超越对手,从而激发学生的学习乐趣。

8) 通用教学管理系统

通用教学管理系统是一款计算机公共课的在线教学系统,支持教师发布作业、审核作业、线上讨论、文件管理、上机考试等多种用途,是一款智能、友好、便捷的优秀线上教学系统。

9) Unicourse 课程辅助学习平台

Unicourse 作为课程辅助学习平台,改变了传统课堂中知识仅从老师单向流向学生的状况,实现了教学合一。用户可在 Unicourse 中分享、讨论、消化、积累知识。

10) 亦云课堂—基于 IPv6 的课堂直播系统

亦云课堂—基于 IPv6 的课堂直播系统平台(如图 4.9 所示)是

一个基于IPv6的互动直播课堂平台，其核心是通过网络将各老师讲授的课堂视频实时地转发到其他院校，供所需要的同学进行学习。

图4.9 亦云课堂—基于IPv6的课堂直播系统

2. 学科竞赛平台

1）ACM大赛系统

网站为学生提供一个关于ACM竞赛介绍的平台，主要包括了ACM新闻报道、ACM简介、人大ACM、教师课件以及学生解题报告下载。ACM崇尚创意、创新，吸引了很多大学生运用计算机来充分展示个人分析问题和解决问题的能力。

2）信息安全竞赛平台

该平台是集传统在线答题、夺旗竞速以及最新的AWD(攻防兼备)模式竞赛于一体的竞赛演练平台，通过提供高度贴近实战的仿真信息网络安全对抗环境，满足用户信息安全竞赛、对抗实战训练的需求。在激烈的高仿真竞赛环境中锻炼和提升操作动手能力，提升网络安全的保护意识。

3）中国大学生计算机设计大赛系统

中国大学生计算机设计大赛平台主要用于支撑大赛的信息发布，国赛、省/市级赛作品提交及评审。

3. 宣传资源共享与管理平台

1）信息学院虚拟资源共享与申请平台

服务器虚拟资源包括 13 台宿主机，总 CPU 资源 686.055Ghz，总内存 1.62T，总存储 59T，处理器总数 312 个。通过虚拟资源申请平台，申请者可自主选择所需的 CPU、内存、硬盘、操作系统及其他要求，便于管理人员及时分配，极大提升了工作效率。

2）极客云盘—信息学院资源共享平台

极客云盘是为全院师生提供软件、视频、音频、文档文献等资料的资源共享平台，极大地方便了教师之间、教师与学生之间网络资源的高速共享。

3）信息学院实验室预约与设备管理系统

通过实验室预约管理系统，很大程度上简化传统的实验室安排流程，实现了实验室动态、开放的管理，提高了实践教学的工作效率，各种实验资源得到了合理的配置。通过设备管理信息化建设，实现资产变动信息与系统信息的实时一致，为投资决策、资产合理调配提供了准确的参考数据，有效提高投资效益和设备使用率，减少闲置浪费，让资产管理一目了然。

4）宣传及教学资源网站

宣传网站主要包括学院网站、综合实验室网站及中心各门户网站，该类网站能够快速传播自己的优势信息，提升学院品牌形象。教学资源类网站主要包括“数据库系统概论”“程序设计”“计算机应用基础”“计算机网络”“IT 项目管理”等课程，提供了网络化的教学环境。这两类网站合计 20 个。

中国人民大学信息学院学生实践支撑体系建设立足于中国人民大学信息技术与管理国家级实验教学示范中心建设，探索了“兴趣驱动、问题驱动、项目驱动”的实验教学新理念，并在建设实践中始终贯彻新理念，建立了“实验教学、学科竞赛、科学研究”三位一体的实验教学新体系，通过多种措施保障学生实践能力及创新能力的培养和锻炼；通过“资源共享、科教协同、校企合作”，建设了国内一流的信息技术和管理实验教学设施和平台，为我院学生的实践及科研能力培养提供了有力支撑。

第 5 章

本科人才培养的突出成果

5.1 招生与专业交叉复合优化

2009 年，大类招生方案首次实施，高考考生、家长反响热烈，报考踊跃度空前提高：报考第一志愿率由前一年三个专业平均 21.04% 提高到 31.34%，实施的第二年提高到 40.14%；有志愿率由前一年的 87.79% 提高到 91.04%，实施第二年提高到 97.89%。特别是，2017 年本科生第一志愿率达 69.9%，有志愿率达 100%。2005—2017 年第一志愿率如图 5.1 所示。

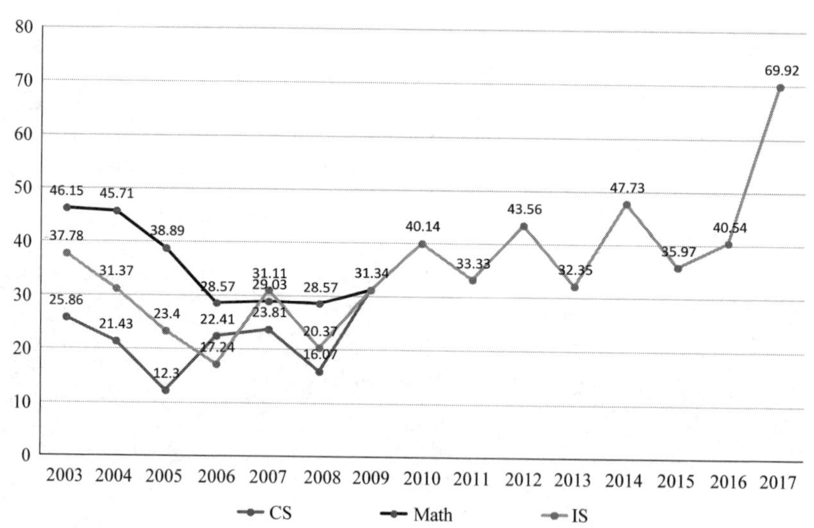

图 5.1 2005—2017 年第一志愿率情况

学生自主分流专业情况经过多年的专业建设和学生引导逐渐趋于均衡，而且与学院师资资源和社会发展的专业需求高度匹配，学生在院内副修专业由本科教学改革前几乎没有到第一届学生15人，2017届学生达到24人，不断促进学院内专业交叉复合。

5.2 学科竞赛成绩飞速提升

各项国际学科竞赛是学生专业实践的演练场。2009—2017年，以信息学院学生为主力的数学建模竞赛成绩飞速提升，信息学院每年参加有影响力的国际国内学科竞赛获奖超过200人次，竞赛成绩屡获突破。

5.2.1 ACM国际大学生程序设计大赛

ACM-ICPC（国际大学生程序设计竞赛）是由国际计算机学界著名的ACM学会主办，是世界上规模最大、水平最高的国际大学生程序竞赛。目前，每年共有来自世界六大洲100多个国家2000多所大学的1万余支队伍3万余人参加ACM-ICPC竞赛，各赛区冠军晋级世界总决赛。

中国人民大学信息学院历年来注重锻炼学生程序竞赛能力，自2000年首次组队赴香港参加该赛事以来，连续13届成绩优异。自2011年起，连续三个赛季获得亚洲区金牌进军世界总决赛，奖牌总数获得飞跃。2013—2017年，信息学院竞赛团队处于稳固的高水平状态，成绩斐然。

第38届ACM国际大学生程序设计竞赛（ACM-ICPC）中，中国人民大学ACM队获得一金、二银、四铜的骄人成绩，进军世界总决赛。此次参赛是继2005年、2006年与2013年之后，我校ACM队又一次冲出亚洲，参加世界总决赛。如图5.2所示。

第38届ACM-ICPC国际大学生程序设计竞赛亚洲区长沙赛区

比赛在湖南大学举行。

图 5.2　信息学院朱青、孙辉、杜忠朝教练及参赛的亚洲金牌队队员汪道鹏、王瀚达、苏蕉

第 38 届 ACM 国际大学生程序设计竞赛世界总决赛(ACM-ICPC World Finals)在俄罗斯叶卡捷琳堡举行,我校代表队与来自世界各地一流高校的 122 支队伍同场竞技。近 4 届竞赛成绩如图 5.3 所示。

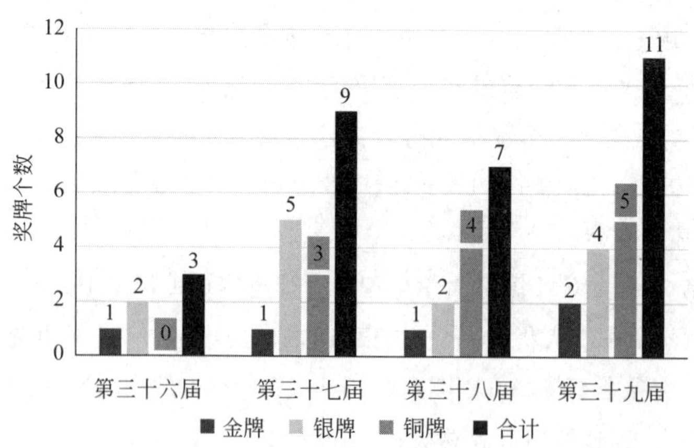

图 5.3　ACM 国际大学生程序设计竞赛成绩情况

5.2.2 全国大学生数学建模竞赛

全国大学生数学建模竞赛由教育部高等教育司和中国工业与应用数学学会联合主办，是全国高校规模最大的基础性学科竞赛，也是世界上规模最大的数学建模竞赛。

近年来，信息学院面向全校学生积极组织参赛，在学校中影响迅速扩大，受到学生关注和广泛参与。我校参赛队在历次数学建模竞赛中取得了优异成绩。

2010—2017年，我校获奖总队屡创新高。特别是2016年，人民大学参赛队伍首次获得"Matlab创新奖"。该年度，我校共有100余支队伍报名参赛，竞赛成绩再次获得突破。信息学院王毅然、纪昀红和张伟组成的参赛队斩获"Matlab创新奖"的桂冠，这是我校在全国大学生数学建模竞赛中首次获得该奖项。

表5.1为2010—2017年全国大学生数学建模竞赛获奖情况。

表5.1 全国大学生数学建模竞赛获奖情况

年份	全国一等	全国二等	北京一等	北京二等	合计
2010	2	0	7	12	21
2011	2	8	7	20	37
2012	2	6	10	24	42
2013	3	5	20	20	48
2014	3	4	20	28	55
2015	2	7	16	20	45
2016	2	5	14	22	43
2017	0	6	9	33	48

5.2.3 美国大学生数学建模竞赛

美国大学生数学建模竞赛(MCM/ICM)是一项大型的国际级的

理科竞赛项目，着重强调研究问题、解决方案的原创性、团队合作、交流以及结果的合理性。竞赛以三人(本科生)为一组，在四天时间内，就指定的问题完成从建立模型、求解、验证到论文撰写的全部工作。

表 5.2 为 2010—2017 年美国 MCM/ICM 获奖情况。

表 5.2 美国 MCM/ICM 获奖情况

获奖年份	队数	获奖等级
2010 年	3	Meritorious Winner(一等)
	6	Honorable Mention(二等)
2011 年	3	Meritorious Winner(一等)
	9	Honorable Mention(二等)
2012 年	13	Meritorious Winner(一等)
	16	Honorable Mention(二等)
2013 年	13	Meritorious Winner(一等)
	15	Honorable Mention(二等)
2014 年	2	Finalist(特等奖候选奖)
	11	Meritorious Winner(一等)
	25	Honorable Mention(二等)
2015 年	10	Meritorious Winner(一等)
	25	Honorable Mention(二等)
2016 年	1	Outsangding(特等奖)
	1	Finalist(特等奖候选奖)
	12	Meritorious Winner(一等)
	30	Honorable Mention(二等)
2017 年	13	Meritorious Winner(一等)
	49	Honorable Mention(二等)

5.2.4 全国大学生信息安全竞赛

全国大学生信息安全竞赛由教育部高等学校信息安全类专业教学指导委员会主办，旨在提高大学生的信息安全技术水平和综合设计能力，为培养、选拔、推荐优秀信息安全专业人才创造条件，促进高等学校信息安全专业课程体系、教学内容和方法的改革。该赛事每年举行一届。参赛作品由参赛队自主命题，自主设计，以信息安全技术与应用设计为主要内容，涉及密码算法、安全芯片、防火墙、入侵检测系统、电子商务与电子政务系统安全、VPN、计算机病毒防护等。竞赛采用开放式，参赛队利用课余时间，在规定时间内完成作品的设计、调试及设计文档，提交大赛专家委员会评议。

2014年以来，中国人民大学参赛队连续获得竞赛多项一等奖好成绩，如图5.4所示。

图5.4 信息学院学生获第十届全国大学生信息安全竞赛一等奖证书

2017年，我校共有四支队伍参赛，最终获得了两项全国一等奖、两项全国二等奖的优异成绩。表5.3为2017年全国大学生信息安全竞赛获奖名单。

表 5.3 2017 年全国大学生信息安全竞赛获奖名单

获奖级别	作品名称	指导教师	组长	组员
一等奖	基于 RIBE 和 IBS 算法的隐私增强快递系统	秦波	弓媛君	魏舒颖、郑伟昊
一等奖	面向社交网络的个人隐私泄露检测系统	秦波	万欣宇	贾政雄、贺晋飞、周立博
二等奖	基于非干扰原理的 Android 手机应用程序敏感信息泄露检测	梁彬	杨雪	周芳、王城、宋文凯
二等奖	基于 SIFT 图像识别算法的多级匹配反钓鱼扩展程序	梁彬	王熙栋	张羿伟、王李笑阳、张凯旋

5.2.5 中国大学生计算机设计大赛

中国大学生计算机设计大赛由教育部高等学校计算机科学与技术教学指导委员会、教育部高等学校计算机基础课程教学指导委员会、教育部高等文科计算机基础教学指导委员会、教育部高等学校高职高专计算机类专业教学指导委员会、中国教育电视台联合主办,旨在培养大学生创新能力及团队合作意识,激励学生学习计算机知识和技能的兴趣和潜能,提高综合素质,造就全面发展、创新型、实用型、复合型人才。

2016 年,中国大学生计算机设计大赛组委会主任(扩大)会议在中国人民大学召开。中国人民大学党委书记、大赛组委会主任靳诺担任大学生计算机设计大赛组委会主任,如图 5.5 所示。

2016 年中国大学生计算机设计大赛软件服务外包类竞赛现场决赛中,我校信息学院瞿靖东、白雪芳和刘颖同学组成的参赛队获得一等奖,这是我校继 2013 年之后,再次获得最高奖,如图 5.6 所示。

2017 年,中国人民大学代表队凭借参赛作品“云叶自助云打印”

图 5.5　2016 年中国大学生计算机设计大赛组委会主任(扩大)会议

图 5.6　校党委书记靳诺与第九届中国大学生计算机设计大赛一等奖获得者信息学院合影

斩获该项赛事一等奖,并作为仅有九个“特色作品”之一在大赛进展示,如图 5.7 所示。

图 5.7　第十届中国大学生计算机设计大赛获奖者合影

5.2.6　全国 CCF 大学生计算机系统与程序设计竞赛(CCSP)

CCSP 竞赛(Collegiate Computer Systems & Programming Contest,大学生计算机系统与程序设计竞赛),是由中国计算机学会(CCF)于 2016 年发起的一个面向大学生的竞赛,每年举办一次,选手需在近一年内参加 CSP 比赛并达到一定分数才可获得参赛资格。竞赛时间长达 14 小时,题目主要涵盖算法和程序设计,旨在进一步提高计算机教育质量,使学生通过竞赛进一步学习和掌握计算机系统知识,同时对高校计算机教育产生引领作用,是对参赛学生编程水平及耐力的全方位考察和综合素质的巨大考验。

2016 年,中国人民大学代表队与来自全国 51 所高校的 324 名同学同场竞技,最终收获一金、两银、两铜的佳绩。

2017 年 10 月,第二届 CCSP 大学生计算机系统与程序设计竞赛顺利举办,本次比赛吸引了来自全国 50 多所高校 400 余名顶尖的计算机学子,我校代表队再创佳绩,斩获获一金、一银,如图 5.8 所示。

图5.8 信息学院代表队在2017年CCSP大学生
计算机系统与程序设计竞赛获佳绩

5.3 学生科研成果多项突破

2010年，信息学院设置本科生科研训练计划实施方案，以强化学生的创新精神和实践能力为出发点，将本科生的科研训练纳入教学活动的重要环节，形成有利于创新精神培养的良好机制与氛围，大力培养具有创新意识、创造精神和创业能力的高素质人才。学生在本科生学习阶段通过自由申报学校大学生科研课题项目，或参加导师的科研项目，组成科研兴趣小组，参与撰写高水平论文，在导师指导下进行科研活动。

在发表国际高水平论文方面，2009—2017年，信息学院学生在本科阶段屡获突出成果，发表国际顶级期刊、会议论文共计17篇。

具体情况如表5.4所示。

表 5.4　国际顶级期刊、会议论文

序号	姓名	论文/项目名称	发表期刊	发表时间
1	王晓捷	Evaluating Search Result Diversity using Intent Hierarchies	SIGIR 2016	2016
2	张如琪	Large-Scale Sparse Clustering	IJCAI 2016	2016
3	牛玉磊	Weakly Supervised Matrix Factorization for Noisily Tagged Image	IJCAI 2015	2015
4	薛力荣	Multiple Heterogeneous Data Ferry Trajectory Planning in Wireless Sensor Networks	IEEE INFOCOM	2015
5	熊一凡	History Rhyme: Searching Historic Events by Multimedia Knowledge.	ACM Multimedia 2016, CCF A 类会议 (Demo Paper)	2016
6	谷坤坤	Violent Scene Detection Using Convolutional Neural Networks and Deep Audio Features.	Chinese Conference on Pattern Recognition (CCPR) 2016.	2016
7	梁俊卫	Detecting Semantic Concepts In Consumer Videos Using Audio	Speech and Signal Processing (ICASSP), Brisbane, Australia, 2015.	2015
8		Semantic Concept Annotation of Consumer Videos at Frame-level Using Audio.	Pacific-rim Conference on Multimedia (PCM) 2014.	2014
9		Semantic Concept Annotation for User Generated Videos Using Soundtracks.	International Conference on Multimedia Retrieval (ICMR) 2015	2015

续表

序号	姓名	论文/项目名称	发表期刊	发表时间
10	陈师哲	Speech Emotion Classification using Acoustic Features.	International Symposium on Chinese Spoken Language Processing (ISCSLP), 2014.	2014
11		Speech Emotion Recognition With Acoustic And Lexical Features, in Proc.	Speech and Signal Processing (ICASSP), Brisbane, Australia, 2015.	2015
12	李欣睿	Facial Action Units Detection with Multi-Features	IEEE Conference on Automatic Face and Gesture Recognition	2017
13		Video Emotion Recognition in the Wild Based on Fusion of Multimodal Features.	International Conference on Multimodal Interaction (ICMI) 2016	2016
14		Emotion Recognition in Videos via Fusing Multimodal Features.	Chinese Conference on Pattern Recognition (CCPR) 2016.	2016
15	林小竹	Generating Natural Video Descriptions via Multimodal Processing.	Interspeech 2016.	2016
16	李成新	Speech Emotion Recognition With Acoustic And Lexical Features, in Proc.	Speech and Signal Processing (ICASSP), Brisbane, Australia, 2015.	2015
17	刘炫成	Matrix Sketching over Sliding Windows	ACM SIGMOD international Conference on Management of Data	2016

国家大学生创新性实验计划是高等学校本科教学“质量工程”的重要组成部分。2010—2017年，信息学院本科生共获得大学生创

新实验计划立项国家级立项 33 项,北京市级立项 25 项,项目质量及项目成果稳步提升,这一计划的立项情况,相对直观地反映了信息学生在大类培养模式下跨学科领域的实践与应用成果,反映了学生在科学研究上的主动性、积极性和创造性,展现了学生创新思维和创新意识的不断深化,如图 5.9 所示。

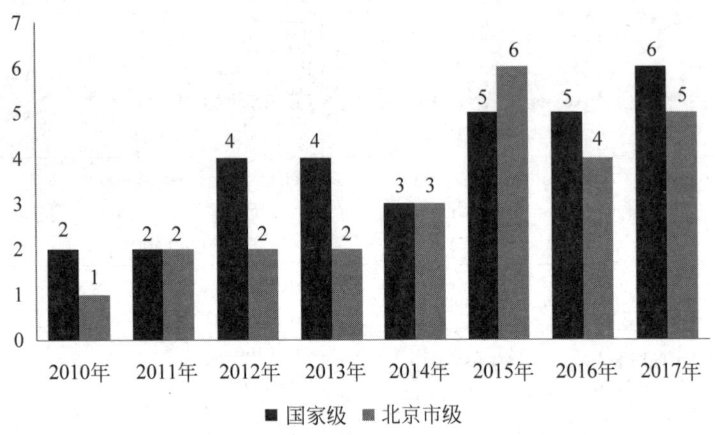

图 5.9 信息学院本科生获奖情况

5.4 学生发展去向优异

学生深受国际国内著名高校欢迎。2012 届首届理科实验班学生毕业后去海外著名大学深造人数从改革前 2011 届学生的 28 人跳跃式提升至 46 人。2012 届至 2017 届毕业生 35%出国深造,其中超过半数前往哈佛大学、麻省理工学院等全球前 50 名大学,如图 5.10 所示。

近年来,本科生前往全球排名前 50 高校的同学高达 50%。

以 2017 届本科毕业生为例,出国深造目的地仍以美国为主,占比高达 62%,学校有麻省理工学院、耶鲁大学、加州大学洛杉矶分校、哥伦比亚大学等。除美国高校之外的国际名校有英国伦敦大

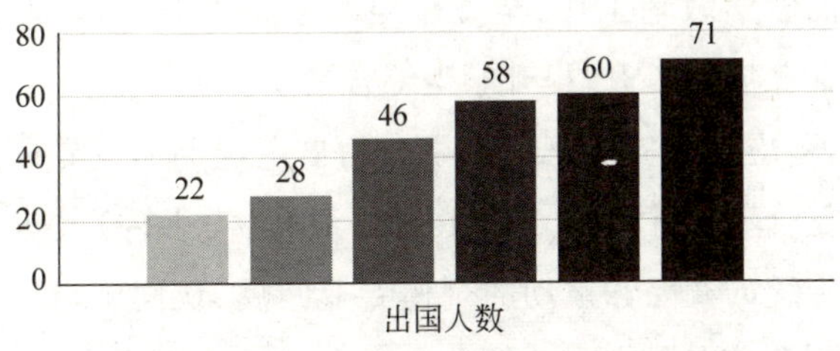

图 5.10 2011 届—2016 届毕业生出国情况统计

学、墨尔本大学、新加坡国立大学等，如表 5.5 所示。

表 5.5 2017 届本科毕业生出国深造统计

高 校 名 称	国家	留学人数	US NEWS 排名
麻省理工学院	美国	1	2
哥伦比亚大学	美国	2	9
加州大学洛杉矶分校	美国	1	10
约翰霍普金斯大学	美国	2	11
华盛顿大学	美国	2	11
耶鲁大学	美国	1	14
杜克大学	美国	2	19
墨尔本大学	澳大利亚	2	37
东京大学	日本	1	44
伊利诺伊大学香槟分校	美国	1	47
新加坡国立大学	新加坡	1	50

5.5 管理服务的体制与方法实现创新

2009 年以来，为配套大类培养模式的教学改革，信息学院创新班级管理模式以及活动内容形式，充分协调团学组织、行政教辅、教师三个方面教学教辅工作,全方位跟踪调研培养过程,促进教学改革与人才培养质量提升,提升学生综合素质。

首先,适应理科实验班培养模式的自主选课形成专业的特点和培养交叉复合型人才的理念采取专业混合(类书院)式班级管理单元。突破传统的狭隘和被动的个体专业归属、认同感,树立更宽广、包容的团队和集体意识,增加学生对各专业学科知识的认识与了解,思维方式和习惯的掌握与运用,工作特征和作风的借鉴与融合,并有助于营造学科交叉复合的氛围和环境。专业混合的班级管理模式摆脱了类似按兵种(工种)设置管理单元的类军事化管理模式。培养学生在相对宽松、个性化环境中相互协调与适应,相互配合与合作的意识和正确处理个体与集体关系的能力,有助于学生淡化专业界限摆脱被动接受的依赖心理,强化自主学习、规划和发展的意识和习惯。

其次,根据混合班级构成中分属不同专业、不同课堂、不同宿舍的特点导致班级活动组织因时空受限和差异性增大带来的困难,创新班级组织与管理以及班级活动的内容与形式,变不利为有利。班级规模进行缩小,增加新型沟通方式,克服时空受限的问题。混合专业的管理模式调动了学生多学科专业背景优势,适当组织共同兴趣导向的学习类活动和发挥多学科综合优势的实践类活动,以及促进学科交叉复合的跨学科交流活动,充分考虑了新培养模式下学生面临的困惑,加强引导、指导性活动。

再次,通过团学与行政组织、教辅和班级的协调配合,在加强管理规范的基础上,紧紧围绕培养理念和培养目标,实现由管理向服务的转变结合培养进度和学程安排有计划的组织相关的集中指导以及实践、交流活动。将团学组织、行政服务、教师业务指导三方充分协调,实施学科竞赛、课外科技创新、专业实践等活动。团学组织、班级配合、师生共同参与对人才培养实施情况进行调研、交流、信息收集与反馈,促进人才培养工作的改进和人才培养质量的提升。

2010年至2017年，信息学院本科生获得中国人民大学学生最高荣誉吴玉章奖学金6人；北京市先进班集体6次，北京市先进基层团支部2次；7位教师荣获学校十佳班主任及提名；2位学生获本科班级优秀学生辅导员；1为专职辅导员获北京市级优秀辅导员荣誉称号。管理服务的体制与方法的创新达到良好效果。

第6章

漫谈人才培养

6.1 教师访谈

6.1.1 谈信息学院本科人才培养——访前院长王珊

1979年，王珊来到中国人民大学信息学院攻读计算机应用技术研究生学位，师从萨师煊教授，研究方向为数据库，1981年硕士毕业后留校工作。王珊教授在信息学院已经从教37年，见证了信息学院的成长，见证了从艰苦的创立到发展壮大的成长过程。关于信息学院本科生的人才培养，王珊教授谈了自己的理解与感悟。

1. "宽口径、厚基础"的人才培养理念

王珊教授表示，"宽口径、厚基础"的人才培养理念已经贯穿了从招生到毕业的整个培养过程。秉承这一人才培养理念，信息系统的本科课程设置采用模块化学习模式，学生在本科入学第一年不分专业，完成数学和计算机的基础课程的学习，大二学年开始，学生可以按照个人兴趣，选择课程模块，在完成某个专业的课程要求后，即可获得相关专业的学位。

信息学院重视培养学生科学的思维方法和提高学习能力，开设有数学分析、高等代数、概率论、数理统计等多门数学课程，为计算机专业和信息系统专业的学习打下了扎实的数学基础。同时，学院和经济学院、财政与金融学院合作举办经济学—数学试验班、金融学—数学试验班，希望在经济管理和人文社科的应用中突出信息学院的优势，让优秀学子在信息学院这个平台上有充分发展的空间。尤其今天，科技创新和应用都需要多学科多专业融合探索协同发展，本科生的培养更应该坚持宽口径、厚基础的理念。

2. 一流的本科教学课程和教材建设

培养学生扎实的基础知识需要建设一流的课程和教材。“数据库系统概论”作为中国人民大学信息学院精心打造的国家级精品课程，30多年来，课程团队与时俱进、不断创新，在数据库教学和研究工作中一直处于国内领先水平，成为学院品牌，并获得了一系列的成果。

1983年，萨师煊教授和王珊教授出版了中国第一部《数据库系统概论》教材，他们不断跟踪数据库新技术，及时更新内容，已修订至第五版。该书一直被国内很多院校采用，成为一本著名的权威教材，两次获国家级优秀教材奖，为培养我国数据库专业人才推动我国数据库技术的发展做出了突出贡献。

几十年来，学院创建了一支优秀的教师队伍，课程团队不断完善了以教材为中心的立体化教学体系，重视课堂教学环节，不断探索教学新模式，强化实验教学，配套建设了实验平台和课程大作业，建设了“数据库系统概论”精品课程网站等。该课程获北京市精品课程奖、国家精品课程奖和国家级精品资源共享课程奖。

2015年起，王珊教授团队开启了慕课(MOOC，Massive Online Open Course)之旅。2016年4月至今，在中国大学MOOC(爱课网)上先后开设了“数据库系统概论”基础篇、高级篇和新技术篇系列课程，选课人数累计超过13万人次，同时面向国内高校开设SPOC课程20余门次。为了更好地支撑慕课实验教学，课程团队还自主研发了数据库系统概论实验评测系统，该系统不仅能够自动、实时、细粒度地评判学生实验成绩，还能够对学生的实验成绩、实验过程进行多角度分析，帮助教师及时掌握学生的学习情况。基于该评测系统完成的实验教学案例“学生选课系统的在线SQL评测”荣获了

2017 年“第二届全国计算机类课程实验教学案例设计竞赛”一等奖。2017 年数据库系统概论 MOOC 课程入选国家级精品在线开放课程，这也是我校本次唯一入选的课程。同时，该课程还获选中国高校计算机教育 MOOC 联盟优秀课程。

王珊教授特别指出，信息学院一直坚持教授给本科生上课的优秀传统，即使是院系领导也在第一线给本科生讲授。让教授直接和本科生交流，了解本科教学情况，重视和亲历教学改革。

3. 培养本科生动手实践能力

王珊教授表示本科的学习不仅在于理论知识的学习，培养动手实践能力也非常重要，特别是对于理工科的学生。如果只是听老师讲课和自己看教材，而不去动手实验，就很难掌握要点和方法精髓。

为了发扬以萨师煊教授为代表的信息学院老一辈学者关爱后学、培育人才的优良传统，为了鼓励本科生积极参与科研项目和学科竞赛，在纪念人民大学信息学院三十周年时设立了萨师煊精英基金，该基金主要奖励在重要的学科竞赛中获得优异成绩的信息学院本科学生。萨师煊精英基金从 2009 年开始到 2017 年已经有九届了，对于促进本科同学积极参加学科竞赛，提高专业水平和科研素质发挥了有很好的作用。

为了更好地培养本科生动手实践能力，信息学院为本科生建立了“大学生创新实验计划”和“本科生科研基金”项目，鼓励本科生参与科研项目，提高本科同学的创新意识、主动思考问题解决问题的实践能力。信息学院非常欢迎并认真组织本科生进入科研实验室，把本科教学和研究生教学贯通结合，不少本科生在毕业之前取得了出色的研究开发成果。

4. 注重教师团队的建设

教师是培养优秀人才的第一要素，信息学院一直非常注重教师团队的建设。王珊教授认为讲课是一名合格教师的基本功。要讲好课对教学内容第一步先要自己明白，第二步要讲得清楚，第三步要学生听懂。这三步是教学因果关系的自然逻辑。要自己明白，就要抓好备课环节。备课，一是靠积累，包括把科研成果溶于教学；二是靠勤奋，勤能补拙。要讲得清楚，就要抓好上课环节。在教学内容结构合理，逻辑清楚的基础上尽量做到深入浅出，生动活泼。这里吸取老教师的经验，坚持试讲，利用多媒体教学的辅助手段都是重要的，但关键仍然是自己的实践。要学生听懂，是讲课的目的。最重要的是启发学生对教学内容的学习积极性。为此，师生互动、启发辅导都是有效的手段。一生当教员，终身要讲课。讲好课才能做一名合格的教师。

信息学院加强了优秀人才的引进和对已有教师的进修和提高。例如，学院从国际一流大学引进了多名优秀的博士毕业生、博士后以及教师，学院先后成功引进了两名千人计划教授，为学生提供了直接和国际一流的大师、著名的教授交流讨论和合作研究的机会。信息学院非常鼓励教师出国进修交流，并且每个教师都有自己主持和参与的科研项目，所以师资水平得到了很大的提高。

信息学院广大的毕业生都取得了卓越的成绩，证明信息学院本科培养的路线是正确的。人民大学八十载，信息学院四十年，四十年间，信息学院发展迅猛，培养了一批又一批的信息建设主力军，王珊教授祝愿信息学院继往开来、开拓创新、培养出更多优秀的人才。

【人物介绍】

王珊，女，教授，博士生导师。曾任信息系副主任、信息学院副院长、院长、学术委员会主任、教育部数据工程与知识工程重点实验室学术委员会副主任。

6.1.2 开拓奋进,玉尺量才——访学院前党委书记严守权

1978 年,严守权从北大调到刚刚成立的中国人民大学经济信息管理系,开启了在这里的工作和执教生涯。四十载青丝成华发,他从青年一路走来,成为曾与三任院长共事,并深受广大师生欢迎和尊崇的老书记,他与信息学院有着牵扯不断的情缘。提起人才培养,他总结了学院一路走来的人才培养的发展过程。

1. 筚路蓝缕,百废待兴

1978 年 5 月 6 日,学校正式批准成立经济信息管理系,这是中国人民大学历史上第一个理工科系。前人经验贫乏,初期只有“一边走一边跟,一步一步探索,一切从零开始,艰难创业”,人才培养的步伐在摸索中奋勇前行。

回忆起建系早期的峥嵘岁月,严书记讲到:“新系刚刚建立,不同学科背景的老师从四面八方汇聚在一起,在全新的环境里,面临着重重挑战,却都凭着顽强的毅力坚持下来了。”萨师煊、陈余年、江昭、魏晴宇等老师,虽然已不再年轻,但肩负着巨大的压力和工作量,承担了整个学院几乎全部的科研工作、全套新教材编写工作和专业教学任务,他们默默奉献,不图回报。

开展教学工作离不开教材,建系初期的情况是“一书难寻”。严书记回忆到,建系当年,系里就制定了研究生的培养方案和本科生的教学大纲,招收了第一届研究生和本科生。即便在最困难的条件下,前辈们依旧立足长远,在建系、修目录、编写教材上,始终坚持对外开放,与国际接轨。“我们的大纲是要在国际上认可的”,正是开拓者们长远的目光和笃志前行,也为之后信息学院的几十年的发展和对外开放、面向世界奠定了坚实的基础。

2. 采光剖璞,玉尺量才

经济、信息、管理三个学科的融合贯通是经济信息管理专业的特色。1984 年经济信息管理系开始招收经济应用数学专业本科生

（理学），开始了数学在经济管理中应用人才的培养，1981 年和 1984 年第一批次也分别获得了计算机应用（工学）和数量经济学（经济学）的硕士学位授予权。

严书记认为，信息学院的学生需要有十分扎实的数学基础。招生时，对学生的数学基础也有严格的要求。同时，对于学院的其他学科也要博采众家，汲取众长。“计算机、数学、信息及管理，我们要作为一个总体，综合起来学，融会贯通。”这种包容性和学习精神，也是信息学院能够不断发展前行的动力之一。

正因如此，与其他高校相比，人大信息学院的学生具备更加系统化的思维和全面综合的素质。严书记自豪地说，不论是在校期间还是毕业以后，我们的学生都能在各个行业大展宏图，为我国信息化事业的发展做出了突出贡献。据严书记回忆，在学习期间，在老师带领下，同学们就参加了不少实际项目，如天津港港务管理信息系统、301 医院管理信息系统、鞍钢企业管理信息系的建设及创建北京市高考考试成绩的数据处理信息系统等，做了许多开创性的工作。在中国改革开放科学技术迅猛发展的浪潮中，从经济管理管理系到信息学院，我们始终奋进在时代的前列。

3. 前途漫漫，任重道远

四十年来，严书记不仅见证了信息学院的一步步成长，也见证了一代代信息学子奋发图强，砥砺前行。严书记坦言，现在的青年学生更具活力，充满朝气更有创新精神，但也难免心浮气躁，不够沉稳。严书记教导同学们，做学问必须要有一种苦行僧的精神，要有定力，能沉得住，坐得下。当然，导师的指引也十分重要。一个高水平的导师能够给你观察问题的广阔视野和前进的大方向，因为什么事情都不能全靠自己去摸索，有高人指导可以少走很多弯路。

严书记认为，人大不仅能够为同学们提供专业知识和技能，还给予莘莘学子更加广阔丰富的文化视野。即便是理工学子，也要提高人文素养。“人文对智力开发是很重要的”，在人民大学如果只是单纯学习某一个专业方向的知识或技能,而不去接触其他学科方面的东西就亏了,“在学习过程中也要开阔长远,广学而博,专一而精”。

经过四十年的发展,如今信息学院培养的人才队伍已成为学界和业界不可或缺的中坚力量。秉持“宽口径、厚基础”的人才培养理念,坚守“高质量、高起点”的学科发展目标,学院开拓进取,形成了独特的学院气质和文化氛围。

恰逢四十周年院庆,严书记对信息学院学子也充满信心和希冀,“我们学生要有适应新社会新时代的能力,靠基础、靠视野、靠人和,要经得起未来社会发展的检验和考验。不要赶时髦,要静下心来做学问。”同时,他表示,在高端人才的培养上必须建立一支高水平的教师队伍。在专家队伍的建设上还需要加把劲,要把门开大些,广纳人才,要让社会认可,国家认可,行内认可。把眼界放长远一点,希望信息学院秉承“敢为人先、开拓奋进”的精神,不忘初心,再创辉煌,取得人才培养和科研工作的更大成绩。

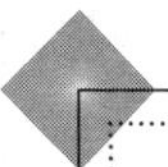
【人物介绍】

严守权,副教授,先后担任78级班主任,系团总支书记,1984—1986年党总支书记,1986—2004年信息系(学院)党总支书记,曾兼任中国人民大学金融信息中心主任、多媒体实验室主任,曾任北京数学会经济数学分会秘书长。

6.1.3　一切从学生出发——访学院前党委书记肖小波

2004年,肖小波来到信息学院任党委书记,“我到学院工作的几年,着重抓了组织和队伍建设,一切从学生出发”,肖书记对学院的学生如数家珍,对信息学院的感情可称得上是至深至亲。

1. 继承与发展

在人大这样以所以文科为背景的大学里,信息学院是大家眼中的“另类”学院。“理工科学生在人民大学学习成长压力是有的,按照杜小勇前院长讲话来说就是旱地里种水稻”,肖书记这样评价当时信息学院所处环境。就是在这样艰苦的环境下,通过调研和研讨,肖书记牵头建立了学生兼职辅导员制度,这是中国人民大学辅导员制度的雏形。在不断的探索实践中,辅导员制度在全校范围得以试行招聘。

肖书记任职期间,在学校党委组织部的支持下,成立了信息学院学生党总支,其出发点是党员工作要落实到学生身上,让学生教育学生,党员管理好自己。她回忆到,当时每月至少召开一次关于学生思想和动态的分析汇报会。

“党建工作就是继承与发展”,肖书记认为,信息学院的党建工作是有光荣传统的,她的任务是根据信息学院在学校所处的大环境,营造更好的育人生态环境,和广大师生一起努力把学院党建工作推向一个更加健全的方向发展。

2. 一切从学生出发

信息学院从成立以来就本着以学生文本的思想,从各方面解决学生学习和生活问题,不断塑造学生健全的人格。

提到学生工作,令肖书记最难忘的是带队参加军训。北京的七月,酷暑将至。当肖书记听说营房里没有电扇时,第一时间想到的是学生的休息。在这样炎热的条件下,这样高强度的训练下,保证睡眠是必须的。于是,她就积极向学校反映。最终,各个学院捐赠电扇保证了学生能有个良好的休息环境。

另外一个让书记记忆深刻的是她带队参加国际学科竞赛。在专业的国际赛事中,信息学院能够代表以文科院校为主的中国人民大学参加,不仅能够让其他学校了解中国人民大学信息学院,同是还能展现信息骄子不为人知的一面。其扎根于人文精神的肥沃土壤上,充分吸收中华民族优秀传统文化并不断融入到学科特点中,这在中国院校中是独一无二的。

3. 根深而叶茂

对于本科人才培养,肖书记认为,本科生人才培养的关键是打好坚实基础。怎样从紧张的高中生活转变到大学生活比较重要。每年的入学新生教育,学院都很重视。对于专业的选择,肖书记认为,每个学生要根据其喜好和自身个性选择自己喜欢的专业,这样才能把专业学好。所以,学院对于本科一年级的学生培养都采用"宽口径、跨学科"的培养方案,给学生自由的选择空间,真正找到其喜欢的方向。大类培养的模式是十分有益的探索路径。

人大春秋八十载,信院薪火四十年。镌刻下里程碑式的辉煌,无论艰难险阻,始终怀抱奋进的理想,是谓人大人的执着。

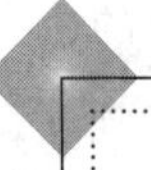

【人物介绍】

肖小波,女,曾任信息学院分党委书记、劳动人事学院党总支副书记、书报资料中心党委书记。

6.1.4 院庆之年忆教学改革——访学院前党委书记林颐

蹊成桃李三千树,身写风云四十春。从系团总支书记到党委书记,林颐老师见证了学院的发展与变迁,他表示:"信息学院几十年的蓬勃发展,与祖国的改革开放和现代化建设同步,培育了大批优秀人才。”前人胜绩已成参天大树，后人自当怀念先辈，珍惜当下。

为更好地培养适应新时代的复合人才，落实“宽口径、厚基础”的先进人才培养理念，在多年探索实践基础上，2009 年开始，学院本科统一按理科实验班招生。本科生一年级要完成数学和计算机基础等课程的学习；第二年起，学生可以按照个人兴趣，选择专业课程模块自主学习，完成某个专业的课程学业，可以获得相应的专业学位；若学有余力，还可以同时选修和获得两个及以上学位。林老师补充道，“这样打通各专业的培养，学生进校时不分专业，统一各学科专业基础课程学习要求并开放学生专业选择限制，其目的是让学生能够根据自身兴趣和个人发展规划形成适合自己的个性化发展方向，同时也有益于培养具有高尚情操、高深学问、综合思维，能自我激励、自我发展的高素质人才。”

从学生的个人角度考虑，“宽口径、厚基础”的先进人才培养模式为学生提供了更多选择。之前的单一专业培养模式，本科生基本是按照入校时的专业方向进行专门培养，制度上不鼓励跨专业学习。尽管学校允许转专业，但仍在单一专业培养模式框架内，自然有较强限制，比如通过一定考试和名额限制等。而新采用的先进人才培养模式则把选择专业的主动权交到学生自己手中，通过第一年对课程的学习了解和老师辅导，使学生更有针对性地自主选择专业方向。当然在这个不断完善的培养模式中，也会出现一些问题。林老师举例说到，开始几年同学们选学数学专业的较多，占比超过 50%。我们经过调研，认为主因是计算机编程课程给同学们造成的困扰。后来针对这个问题，院里决定每年暑假为全体一年级本科生开展为期两周的编程集训。集训效果很好，加上其他各方面工作的跟进，使得学生的专业选择逐步趋于理性均衡。

林颐老师向我们简单分析了我院人才培养方式改革的实践依据及其可行性。他表示：“本院各专业基础课程是相互连通的，多数专业选修和必修课程的知识体系、逻辑结构相近，排课易于操作。

第一年课程相同，提供学生思考选择的机会和过程，第二年课程才会有差别。林老师提到，国外高校基本都采用类似培养模式，且学生在全校范围内调选专业，因而更为宽泛；我们只限在信息学院范围内进行试验。”

理科实验班的班级组织管理，与之前按单一专业组织班级有较大不同。由于学生入学伊始即已排定班级和宿舍，使得各班级和宿舍从后续构成看，都是混合专业的形式。学生课程学习和专业实验等安排时间的非一致性，给组织班级活动造成一定困难。每个班主任都要面对学生不同的专业诉求和思想工作，给班主任等基层管理单位提出很多新课题和增加较重的工作负荷和压力。但积极的影响是学生自主确定专业方向，学习生活目标更为明确；有条件和机会比较、理解和体会不同专业特色和优势，较早积累与不同专业背景的同学、同事相处的经验，更加有利于学科交融和渗透，有利于同学们扩展学科视野及培养团队意识。同时也有利培养和锻炼班主任队伍，密切师生的联系和交流。理科实验班模式的成功实施，使得学院学生思想政治工作和组织管理水平相应提升，也锻造出一支积极进取，保障有力的管理干部队伍。

“实践成果证明，学院的人才培养模式改革是成功的”，林老师表示。从学生就业看，大多数本科生选择继续深造，其中 1/3 强选择出国深造，说明我们的培养方式和国际上是比较接轨的，培养的学生质量较高。实际就业的同学也很受用人单位欢迎。林颐老师强调指出，“在这种培养模式下，学生自我学业规划能力和执行力显著提升；学生参加大学生学科竞赛的规模(人员)、层次、成绩有较大面积提高；毕业生继续深造人数扩大，其中出国人员比例和就学世界著名高校数量提高明显；在推进改革过程中，学院各方面工作同步提升，锻炼出一批优秀班主任和学生助理班主任(研究生担任)，有力提升了青年教师和研究生素质。2013—2014 年，学院时任院长杜小勇兼任学校理工建设处处长，副院长龙永红调任教务处处长，也反映了学校对信息学院这方面工作成果的肯定。”从实践结果看，信息学院本科人才培养模式改革的经验和作法是可复制推广的。

采访最后，林颐老师对青年学生寄予深深期待——志之所趋，无远弗界，穷山距海，不能限也。希望同学们自觉把个人志向与国家人民利益需要相结合，在新时代，拿出久久为功的韧劲，驰而不息的精神，踏上新征程，攻破一个个娄山关、腊子口，走好我们这一代人的长征路，为早日实现伟大复兴的中国梦，贡献我们人大信息学子的力量。

【人物介绍】

林颐，1984年调入中国人民大学信息学院工作，历任系团总支书记，党总支秘书、副书记，学院分党委副书记、书记。

6.1.5 实实在在的教改，实实在在的成果——访教务处长龙永红

讲台上的他，旁征博引，深入浅出；讲台下的他，平易近人，和蔼可亲。他深谙人才成长规律和我国人才培养的积疾，在信息学院进行了一系列大刀阔斧的改革，引领人大新世纪人才培养模式的创新，他是信息学院龙永红教授，中国人民大学教务处处长，曾任信息学院副院长。从他平实质朴的语言中，流露出的是对教育行业深深的热爱。

1. 真正让学生自主选择的培养模式

2009 年,中国人民大学准备招生咨询的老师意外地发现人大招生简章中多了个“理科实验班”。高校以往的“实验班”或多或少确实留有中学“实验班”的痕迹,它们要么是“尖子班”、要么是为培养特定领域人才设定的,共同特点是针对特定人群设计的,要求特定的政策倾斜、特定的资源倾斜。显然这种实验班不代表整个人才培养的理念和改革方向。“我们的改革是要面向我们施教的所有学生,针对的是我们全部的人才培养工作,反映的是整个人才培养改革方向,这就是我们的理科实验班,”龙教授的话语透出一种坚定,反映了其对当前我国人才培养现状和改革现状的深入思考,“我们在做的是在整个信息学院实施全新的培养体系和培养模式”。

信息学院于 2009 年开始进行“打通招生、自助培养、组合专业、复合学位、加强基础、注重能力”的创新人才培养体系(理科试验班)实践。这项改革的总体思路是打通信息学院各个专业(数学与应用数学、计算机科学与技术、信息管理与信息系统、信息安全专业)的招生与培养,在培养学生共同的专业基础的基础上由学生自主选择课程形成专业,并通过选修课的模块设计,使学生能够根据个人兴趣和发展规划组合专业方向形成个性化发展方向,学有余力的学生可以同时完成两个专业的学习形成复合的专业或学位(即主修+副修)。

谈起信息学院这一新的人才培养模式的背景,龙教授说:“2004 年,信息学院新一届领导班子上任不久,信息学院本科招生志愿情况不容乐观,有部分同学虽然是按志愿录取的,但入校后发现自己对该专业兴趣不高,这会影响人才培养质量。”我们可以想象得到学院领导和教师们当时的焦急心情。他接着说:“大幅度提高第一志愿率和志愿率写进了新一届领导班子的任期目标,怎么做?大家都在想主意。有的说利用自主招生、保送生等政策倾斜,有的说按大类或按院招生,进来再分专业。”在龙教授看来这些措施确实能够有效地提高志愿率,但不能真正吸引优秀的生源和解决学生学习积极性问题,“学生出于高考分数‘无奈’的选报某个专业,很可能带着‘无奈’去学习这个专业,进校后分专业怎么分,按学习成绩?把成绩不好的都分到某个专业?看似公平,可以想象其后果,毁掉一批学生也毁掉了一个专业!过去许多这么做的都失败了,又改回按专业招生了。”

出路在哪里?“志愿率只是一个表象,我们不能就事论事,抓本质才能从根本上解决问题,本质在哪里?培养上,在培养体系上!”不愧是搞数学的,“数学能够培养‘抓本质’的思维习惯和能力”是龙教授在新生入学时总要说的话,看来的确如此!“目前的社会现实是中学生一心只为高考成绩,对专业、对社会发展没有太多的思考和认识,高考课程以外的知识呈现出‘表面化,快餐化,庸俗化’,高考志愿从而表现出家长主导、学校主导、热门主导的特点。学生的专业兴趣需要一个形成过程,需要在学习中形成,我们的培养应该给予他们发现和培养自己兴趣和特长的时间和空间,应该给予他们选择和调整自己专业兴趣的权力和机会,打破专业界限,没有事先贴上的专业标签的约束,也就没有先入为主的对某个专业的反感情绪,反过来就会吸引学生填报我们的学院!”

信息学院在经过酝酿、调研和试验后于 2009 年实施新的培养体系和模式以来第一志愿率大幅上升,有志愿率已达到或接近 100%。“提高专业志愿率不是终极目的,学生、家长认同了我们的培养,认为学生经过我们的培养能够有很好的发展,就愿意来学,志愿率提高是自然的事”。信息学院新的培养体系根据信息学院的学科特点,吸收了国内外先进的培养理念和发达国家的人才培养体系和模式的实践,龙教授把它概括为“深入贯彻‘学生为本’的人才培养理念,充分赋予学生自主选择学习的权力和机会,切实落实‘宽口径、厚基础、多选择’的人才培养模式,以适应创新型社会对人才复合型、个性化的要求以及人才自我实现多样化的需求。”龙教授又补充说:“理念听起来可能并不陌生,但是我们所做的是通过科学合理的设计，实实在在地加以实现。”

2. 教学改革仍然任重道远

龙永红教授主持的一系列人才培养改革，业已显现成效，也得到广大师生和学校的认可，但龙教授说：“这还只是要唱戏才刚搭好台，甚至可以说还只是搭好戏台的框架，需要进一步完善使得用起来更方便更顺畅，接下来当然是如何把戏演好，这同样是基础性的。培养体系和培养模式改革很重要，是人才培养改革首要解决的问题，现在很热闹的许多所谓改革没有抓住这一点，那就是‘折腾’，这些折腾舍本求末，折腾了老师、害了学生。”龙教授接着说：“我们基本上解决了这个关键问题，接下来还有很多重要的具体问题要解决，这个过程会更漫长，首先是我们的课程建设，包括课程教学内容、教学方式、教学资源的建设，如何真正发挥以教导学、以教助学，以教助学的核心功能是我们下一个目标，这里还包括教师教学理念和学生学习习惯的转变，改变教师灌输式教学方式和学生对课堂和教师的完全依赖性。我们要处理好课堂内外的有机衔接，重点还在发挥课堂的引导作用，我们碰到太多的脱离或忽略课堂来强调课外培养所谓能力的改革。”

这项改革成果逐步展开，并初见成效。比如自 2009 年第一届理科实验班开始学院就开始为新生开设一门专业教育和学习指导课程；学院制定了与课堂衔接的能力培养体系，其中 2012 年开始为一年级学生学完程序设计和程序设计实践课程后实施为期两周的暑期综合程序设计封闭训练受到师生良好反响。

据龙教授介绍，学院针对培养体系中的课程设置特别是作为反映学科方向的特色、个性化、学科前沿的选修课模块的划分、设置、课程组成等将聘请校内外知名专家进行研究和论证，课程建设的进一步深化、课程网站和教学资源建设已纳入学院教学工作的规划。我们确实感觉教学改革工作的未来之重，我们憧憬着学院未来培养更多更优秀的人才。

3. 教学改革之体会

龙永红教授拥有丰富的第一线教学工作和教学改革经验，对人才培养的理念和实践有切身的体会。特别是15年来的人才培养改革，一步一个深深的脚印，持续不断的推进，一桩桩一件件，都是那么实实在在。“教育是复杂的，教育改革更是复杂的，我们不能急于求成，必须抓住症结，认清方向，弄清主次，掌握缓急。”这或许是龙教授对自己多年改革工作的经验总结，没有豪言壮语，却那么贴切。他主持的改革首先总是在理念上进行突破，抓住最核心的问题逐渐深入推进，一切似乎成竹在胸。

“教育部门以及社会各界对我国创新人才培养十分关注和重视，也投入不少的精力和财力。但是，我们对创新人才的认识还存在片面化和表面化的问题”，他接着补充说，“具体的表现在：将理论、知识与能力培养割裂甚至对立起来；自上而下的‘工程’‘计划’主导下的改革，形式多于内容、治标而不治本；急于求成，缺乏整体设计并逐步推进的改革思路。”

针对当前创新人才培养的现状和问题，龙教授认为“该怎么做，怎么改，第一线最清楚。对于教学第一线关于人才培养改革要做的事情很多，但首先要认识和解决以下问题：创新人才培养应融入到日常教学活动和所有教学环节当中，强调‘学’的中心地位；理论、知识是创新的基础、也是培养创新人才基本素质的载体，不应削弱而应加强；在日常教学活动中培养创新能力的关键是：教什么，学什么，怎么教，怎么学。创新是一种素质，创新人才有层次性、多样性；创新源自个性化的思维、知识结构、阅历、情感与动机，教育的目的在于提升个性能力、极大限度地促进个性发挥；对人才培养体系和课程体系进行改革适应创新人才培养要求在当前最为急迫。”

龙永红教授对工作那份激情和投入，对教学的那份热情，对学生的那份责任。如果要对龙教授多年付出做一个总结，可谓：十五年的坚持，实实在在的改革，实实在在的成果。

【人物介绍】

龙永红，教授、博士生导师，中国人民大学教务处处长，民盟北京市委常委。研究领域为概率论与数理统计，数量经济学。国内外学术期刊发表学术论文30余篇，出版著作和教材10余部，曾兼任教育部教学指导委员会委员、全国经济数学与管理数学学会副理事长，现兼任北京数学会常务理事、经济数学会理事长，北京高校优质课程研究会理事长，中国高等教育学会教学研究会常务理事，北京市高等教育学会常务理事，全国高等学校大学数学教学与发展中心学术委员会委员。先后获得宝钢优秀教师奖、北京市“优秀教师”称号、北京市教学名师奖、北京市教学成果一等奖(两次)、二等奖(三次)、国家级教学成果二等奖。

6.1.6 三十载沧海化桑田，唯有初心依旧——访前院长杜小勇

位于人大东北角的信息楼似乎从来不是人声鼎沸之地，尤其在爬上四楼、穿过长长的走廊，尽头有一间小小的屋子，安静而朴素，大大小小的书籍资料占满了柜子、桌子，这是我国著名的数据管理领域科学家——杜小勇教授的办公室。

1. 话时代巨变

从1985到2017年，杜小勇教授随信息学院一起成长，见证了人大信息学院在时代浪潮裹挟下的沧桑巨变。谈到这些年，杜教授很感慨：“现在的信息学院比起之前变化很大。比如学生人数明显增多了，现在一届会招收150多名本科生了；师资力量也增强了，聘请

了很多海内外著名高校毕业的青年学者，使我们的研究方向更加多元化。比如学院现在建立了信息安全、多媒体、人工智能等一些前沿的方向；信息学院也由当年的两个专业扩充为五个专业。数学系将从信息学院独立，成为一个数学学院”。信息学院随着时代的改变而不断调整自身，从而得以迸发出强大的活力。

在沧桑巨变的时代里，面对不断迁移的学科热点，杜教授显得清醒且冷静。“研究本身就是一个动态的过程，学科热点随之迁移是很正常的事。但就本质而言，很多东西都是同根同源的。就像你不能说‘大数据’有前途，‘数据管理’就没有前途了，它们只不过是换个说法罢了。尽管现在数据来源丰富了，数据类型也不再仅仅是传统的关系数据而增添了音频、图像等新兴的数据格式，但其实很多东西都是旧瓶装新酒，它的知识结构还是不会变的。所以‘数据库’是我们信息学院的一面旗帜，过去是，将来也会是。”因而，面对层出不穷的新名词和新概念时，我们不能轻易乱了阵脚，还是要慎重地审视自己原来的方向。

2. 探中流砥柱

谈起信息学院的培养模式，杜教授颇具信心。“我们一直要求学生打好扎实的学科基础，像数据结构编译原理操作系统这样的一些基础课程无论学科前沿怎么发展都是要牢固掌握的。像有些学校比较激进，开设了‘物联网’‘电子商务’等专业，但事实上有些领域太偏重于工程化和职业化，不应该是高校应该重点关注的地方。我认为本科学习还应该是以通识教育为主的，尤其是像人大这样的学校，不能过于急功近利地以培养技能为主”。但同学们也不必担心学到的知识不能与时俱进，“一些学科前沿的东西在日常教学中也会有渗透，许多老师也都在做这方面的研究，设置了专门的实验室。这些都有利于我们的本科生开拓视野。所以我对我们的人才培养方案还是有信心的，未来也不会有太大的变动”，正如古语所言“风宜长物放眼量”，唯有看得高远、抓住本质，才可以在变化的时代中走得更远。

3. 念初心依旧

“大学之道,在明明德”,一所高校就应该平淡如斯,成为一代代人的精神净土,成为一个时代稳定而强有力的后盾。“如果非要说什么重大时刻一时到也想不起来,但仔细想想,这些年的确做了不少大事。这些事都不是一蹴而就的,而是循序渐进地完成的。把一件大的工程分解成一个个小目标融入日常生活里,任务也显得不那么大了,各种情绪也会被时间冲淡了”。不因生活的平淡而丧失了前进的激情,而仍对学科热点保持着高度的敏感,这份初心很是难能可贵。

或许历史就是在这种平平淡淡踏踏实实中沉淀下来。“学术这种东西需要有历史的氛围,声誉不是一天建立起来的,有时甚至需要几代人的努力。正是因为一批批的‘信息人’的开拓进取,才让‘人大数据库’这个名词成为了一个耀眼的名片。提到工科、理科大家可能都想不到人大,但提到数据库就会想起人大,就像前不久教育部推荐我作为国家级科技创新 2030 重大项目——‘大数据工程’的实施方案编写专家,而且被任命为副组长,这说明我们的学科认可度还是很高的。我想这就是历史带给我们的益处吧”。

是啊,正是有一代代“信息人”在剧变的社会背景下中选择平淡地生活,选择永葆初心,选择坚守“始终奋斗在时代前列”的人大精神,才使人大信息学院薪火相承,生生不息,成为我国在数据科学领域的一道靓丽的风景。

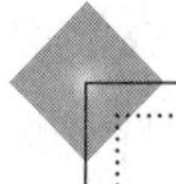

【人物介绍】

杜小勇,博士生导师,中国人民大学信息学院教授,教育部数据工程与知识工程重点实验室主任,中国人民大学理工学科建设处处长。2004—2016 年担任信息学院院长。研究

兴趣包括大数据技术、数据库实现技术、智能信息检索技术等。从事计算机数据库及大数据相关领域的研究，发表论文百余篇，担任国家精品课程“数据库系统概论”主讲教师，研究成果曾获得北京市科技进步一等奖（2005年，排名第二），中国计算机学会科学技术奖一等奖（2015年，排名第二），教育部科技进步一等奖（2016年，排名第一），国家科技进步奖（2018年，排名第一）。

6.2 学生访谈

6.2.1 人生在于经历[①]——专访2011级本科生黄斐然

一天一天，光阴在无数人的奋力奔跑与踽踽而行中飞逝。不同的人，不同的路，有不同的风景。在对话黄斐然时，他对本科四年深有感慨。回忆起过往那些署名为奋斗与拼搏的岁月，他淡然地说：“人生在于经历。”

“人生在于经历”，黄斐然说这句话是他刚来到人大时，他的辅导员告诉他的。那时的黄斐然是班级的团支书，同时也活跃在院学生会、校学生会等各个组织中。在迎面而来的困难中，他摸索着前进，同时也收获了无限的快乐。逐渐他发现，身边的同学不仅天资聪颖，而且会为了追求心中定下的目标和梦想不顾一切地奋力拼搏，就算有再多的挑战也从不动摇，“我之前从来不敢想象一个人可以努力到这种程度。”这深深地震撼了他。

大二是从埋头于书本到放眼于实际的一个转折。“大二时做的

① 文章来源：中国人民大学《信息月刊》“人物专访”栏目，2015年11月，记者：文家碧、王林兰、周琦文。本文已进行再次编辑。

国家大学生创新训练计划项目是我大学四年生活中最有意义的一件事情。”他坚定地说。经历了“创新杯”的小有突破，一群热衷技术、敢想敢做的人一拍即合，在杜小勇教授的指导下得到了国家级立项项目“基于移动互联的跨平台课程辅助学习交互系统开发与应用”。当提及项目选题时，他表示，每一个信息学院学子其实都会有一个疑问：怎样才能用这些知识做真正的系统，做应用性的开发。于是，他的团队带着共同的追求开始了两年的探索。

“最开始，我们真的一无所知。”黄斐然回忆道。为此，他们在图书馆翻阅各类有关系统开发的书籍，在网上学习视频课程，起步是极为艰难的。在做技术攻关时，系统的某些功能在逻辑上很复杂。小组成员则聚在一起反复讨论、摸索。也许前人已经提供了完美的解决方案，但是大胆创新的他们不愿意直接套用他人的经验。两三个技术人员在一起头脑风暴，一次次的推理与尝试只为了脑海中设想出的那个完美结果。到最后，每一项功能、每一个细节，全部由他们自己独立完成，“我们没有一行代码是复用别人的，也没有任何一个解决方案是抄袭他人的”。这个系统——Unicourse，现在学院还在广泛使用着。

国家大学生创新训练计划项目的整个过程为黄斐然提供了一个不断提升的平台。“其实从做研究的角度来回顾这段经历，它算不上什么。但这个充满了探索和挑战的过程很有意思，让我沉浸其中。”也许这也是他面对更复杂更艰巨的任务，依旧能成功攻克难关、收获丰硕成果的原因。

在加入陆嘉恒教授的实验室后，往后的经历让他真正热爱上了研究。从最开始 PDF 文件的解析到提取内容，再到有目的地提取特定的内容。当这些问题逐一解决后，他再一次迎难而上，解决“如何在 PDF 文件中提取特定的最小知识单元——知识格”的问题。由于国内文献中对此研究甚少，他拿起了厚厚的英文论文来阅读，从那些几十万甚至几百万的源代码中筛选出所需要的模块来钻研学习。

在那段时光里，他几乎是没日没夜地拼搏，和实验室团队一起仔细琢磨现有的每一种提取方法，同时他们也做出创新改进，应用机器学习的方法对PDF进行解析、识别和提取。经历多次的实验，最终他们成功论证了新方法的优越性，并研发出应用于实践的知识格检索系统PandaSearch。付出的汗水凝结在一起，才有了后来以第一作者身份发表的论文——PandaSearch：a Fine-grained Academic Search Engine for Research Documents。这篇文章最终被全球三大数据库会议之一ICDE全文录用。

实验室课题结束后，恰逢印度印孚瑟斯(Infosys)公司来学院招募暑期实习项目成员，黄斐然立刻就填报了申请。“在那里的每一天他都在不断接触一些新的东西、遇到新的挑战，每一天都过得很充实。”在实习过程中，黄斐然认识了全球各国家最顶尖大学的学生，了解他们的思维方式，结交了不少朋友，也增长了不少见识。“本科的时候，我们学的可能仅仅是怎么去用数据库。但这一次自己在Infosys做的项目是怎么造数据库，而且是分布式的内存数据库。这对于我，又是新的东西，没有任何人来引导，所以全靠自学来不断探索。”

探索、拼搏、无畏、创新，这四个词似乎构筑起了黄斐然的整个四年大学时光。作为始终追求着精彩人生的个体，在追求的过程中会欢笑、也会失落；会纠结自己的选择，也会迷茫前进的意义。正如黄斐然总结自己的过往时说：“积极主动、付出努力才能让你达成梦想。在人大，这个无限种可能的地方，不要浪费时间，努力去探索、去拼搏。”毕竟，人生在于经历。

【人物介绍】

黄斐然，中国人民大学信息学院2011级本科生，曾以第一作者身份完成论文并被世界三大数据库会议之一ICDE(International Conference on Data Engineering)接收。担任中国人民大学校学生会秘书处提案落实委员会主任，学院党总支副书记，曾获中国人民大学“创新杯”课外学术科技竞赛一等奖，“大学生创新实验计划”国家级立项和优秀结项。

6.2.2 从人大到哈佛，一心洁白地向天空[①]——专访2011级本科生王歆媛

活泼可爱的大眼睛，热情简单的笑容，从人大到哈佛，王歆媛用脚踏实地的努力证明了自己的优秀，也证明了自己的坚持与选择。

在信息学院的学习过程中，王歆媛选择了数学专业。大三的她申请了学院的国际交流项目，前往纽约州立大学继续深造，并成功取得计算机学士学位，完成了计算机与数学双专业的修读。2016年，她成功被哈佛大学计算科学与应用专业录取，前往攻读硕士学位。从人大的一勺池到哈佛的图书馆，每一步都坚实沉稳，每一段都精彩纷呈。

毕业交流分享会上的王歆媛，思维缜密而有逻辑，分析完整而精准，表达清晰而有趣，透露出谦逊而自信的个性。她说，“以前听师兄师姐做经验分享的报告时，总是会羡慕而崇拜，想着什么时候自己也可以做到像他们一样优秀。今天站在这里的我，似乎明白了师兄师姐当时的心情。之所以能在这里跟大家分享，并不是因为我有多么优秀，而只是在人生的道路上比大家早了一些。相信自己，你们将来也会有机会做到比我们更好。”

① 文章来源：中国人民大学《信息月刊》“人物专访”栏目，2017年04月，记者：禹彦磊。本文已进行再次编辑。

数据科学、统计、数值分析、随机序列……数学与计算机的课程构成了王歆媛现在的学习生活："我也会学习大数据的相关知识，收集整理数据，对数据进行分析和处理，根据数据建立模型以及做预测等等工作。"生活就在忙碌的项目和课业中一步一步进行，正如当年的她在信息学院稳扎稳打的课程学习。

"我总会十分怀念在人大的生活，在这里留下了太多感动和怀念。印象最深的是自己大三结束时就需要出国学习，会有一种觉得自己成为先离开大家的那个人，每次想到这些也都会不禁回忆起曾经的大学生活和同学、朋友。"回忆起大学的时光，她最不舍和最怀念的是大学的舍友："出国之后才意识到舍友的珍贵。当时的我们追求和目标一致，在好多时候可以互帮互助，也从来不会觉得孤独。出国后，常常在夜深人静之时觉得形单影只，尤其是碰到一些困难的时候。"

感动的是舍友以及同学之间的深情，感谢的则是同学们的热心帮助："大四留学期间在人大还有些像交论文、找老师签字等琐碎的事情，需要找同学帮忙，而且当时要毕业时碰到一些问题，虽然麻烦但也得以顺利解决，就是会觉得无论是同学们还是老师们都很热心地帮助自己。这些让自己很感动的同时更多的是感到一种贴心的温暖。"

提起参加数学建模竞赛，她回忆道："我曾参加过国赛和美赛两次数学建模比赛，和队友建立了很深的感情。我们队会每周一起看论文，为了比赛也准备了很久。后来大家回忆起那段时光，谈笑起队友回到宿舍里还会抱怨我管得太严，寒假期间别人都回家了自己没有回家，当时大家都觉得会很辛苦。但正是这样的经历，让我们的友谊特别深厚。实际上，竞赛给我们带来的收获不是最后的成绩，而是当时的认真和努力，让现在回想起来也是一段特别的时光，感谢那些年努力的我们。"

优雅简单，谦逊踏实，王歆媛的经历更像是春日的玉兰。只需要一心洁白地向着天空，随着岁月每天吸收着营养，沐浴着阳光，总会在未来的某一天开出灿烂的花朵。

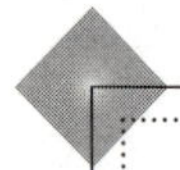

【人物介绍】

王歆媛，中国人民大学信息学院 2011 级本科生，大三参加纽约州立大学交换项目，前往纽约州立大学宾汉姆顿分校深造两年，获得计算机、数学学士学位，2016 年获哈佛大学计算科学与工程专业录取。

6.2.3 努力铸就辉煌[①]——专访 2011 级本科生薛力荣

1. 勇于尝试，发现兴趣所在

刚上大学时，只有很少人清楚地知道自己真正喜欢热爱哪个专业。因此，关键是大学对专业兴趣的培养，多去尝试和经历，找寻自己最喜欢和感兴趣的专业，正如薛力荣历经了一个过程才找到专业兴趣。

“刚进入大学时，自己希望从事金融领域的工作，认为学好经济学可能对以后金融方面的研究更有帮助，就选择进入了经济—数学双学位实验班”。但是在学习的过程中，他逐步发现学院李德英老师的图论课激发了自己对图论方面算法的极大兴趣，成为了计算机网络实验室的一员。

谈及图论，他开心地说道，“我开始对计算机网络中传感器网络

① 文章来源：中国人民大学《信息月刊》“人物专访”栏目，2015 年 04 月，记者：禹彦磊、朱昱青。本文已进行再次编辑。

的课题进行研究，感觉具体研究很像是在解决一个图论的问题。"通过不懈地探索，薛力荣以第一作者身份在国际顶尖杂志上发表了论文。他谦虚地介绍道："其实自己也只是在钻研的过程中想出了一个比较不错的想法。平时研究更多的也是算法的优化，对编程能力的要求相对较低，但是有时也需要对算法进行一定的数学证明。

2. 出国交换，看看外面的世界

在大三时出国交换，薛力荣感受到外国的科研氛围，可以看到很多学生对数学的热爱。"国外的学生会自发地讨论数学，觉得数学是很有魅力的学科。我看见他们对数学的那种热爱，也发现国外的校园有许多讨论的小教室和漂亮的公共讨论室供学生们进行讨论和交流。"

出国需要加强英语学习，他认为英语的学习其实就是背单词加阅读，平时会使用一些英文的教材。他说："刚开始看英文课本时看得特别慢，一章大约40页，都要花半天时间才能看完。其实英语就是大学四年一直坚持学习，阅读、听力和写作自然会有大幅度提高。如果想出国的话，必须要去自主学习英语。"

他希望出国的同学进行申请时需要向对方证明自己，需要有科研和实习的经历来充实和证明自己。要么通过不懈努力，让自己对学习成绩更有自信，轻松出国；要么在其他方面有所突破。

3. 成功，更刻苦的拼搏

尽管薛力荣谈及自己的科研过程时轻描淡写，但是研究过程并不简单，无论是科研的困难，还是英语论文的难度，没有日复一日的执着和努力是难以攻克的。在他看来，应付考试的学习是没用的，就算考试成绩高了，以后做研究也很困难。"我们需要做的是对知识的掌握和学习，而不能单纯地注重考试，做到对基础知识滚瓜烂熟才能学以致用。"而很多同学会说没有时间学习，其实并不是没有时间，只要不回宿舍玩就会有时间去做很多东西。真正厉害的人，就会发现他们的刻苦程度根本不是我们能想象的。"

一方面我们要增加学习的时间，另一方面也要提高学习效率。用薛力荣的座右铭来说是：成功所需要的只是我们更加刻苦地拼搏。

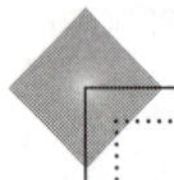

【人物介绍】

薛力荣，中国人民大学信息学院2011级本科生，经济学—数学双学位实验班成员，科研成果优异，曾于2013年4月赴加拿大多伦多参加INFOCOM2014国际会议。

6.2.4 仰望星空，脚踏实地[①]——访2011级本科生牛玉磊

他是优秀的“毕业十星”，用优异的成绩和骄人的荣誉给自己的大学四年交上了一份满意的答卷；他是朋辈心理咨询师，倾听你的故事，陪伴你走过迷茫彷徨；他用自己四年的大学时光收获了属于自己的精彩故事，也希望后来的我们用自己的四年演绎属于我们的不同精彩。他是2011级本科生牛玉磊。

数学建模竞赛是对牛玉磊意义重大的一件事情。四年中三次与数学建模比赛的交锋，从大二寒假第一次参赛因知识欠缺而以成功参赛奖草草收场，到第二次参赛的精心准备却在时间把握上稍有欠缺而美中不足，再到第三次参加比赛一波三折用毅力和坚持收获

① 文章来源：中国人民大学《信息月刊》“人物专访”栏目，2015年09月，记者：禹彦磊。本文已进行再次编辑。

一等奖的成功，这其中的蜕变是成长，更是拼搏。“比赛过程中，我们一起完善模型、讨论可行性、修改英文论文，泡面与外卖伴随着忙碌而充实的比赛，虽然辛苦却保持着放松的心态，这些在艰辛返程的背景下更有不易的感觉。当两个月后获得 Meritorious Winner 一等奖时，一年多来的付出与努力终于取得了收获。”这些经历也让他更加坚信：虽然我并不是极具天分的人，但在挫折中成长，在磨砺中感悟，在困境中保持挑战自我的心，即便不能走到最顶峰，也可以去挑战自己的巅峰。”

如果说学习是生活的主旋律，那么兴趣和爱好也缤纷了牛玉磊的大学生活。“朋辈小屋”被他笑称为大学四年自己身上的最深烙印。两年多的时间，200 多个小时的咨询服务，他陪“朋辈小屋”度过了三个生日，也走过了一点一滴：“每个人都会存在着不同的心理问题，就像心理感冒一样，需要我们去面对和缓解。能够让更多的同学了解并接受心理咨询，愿意在需要帮助的时候来到‘朋辈小屋’和心理咨询中心，背着坏心情进来，抱着好心情离开，这是我们在做的事情，也是每一个朋辈人心中最伟大的事业。”而在采访中也可以清楚地感觉到牛玉磊那种温暖交流的感觉，像是朋友间的谈天，简单而快乐。

四年的时光，牛玉磊谱写了无数难忘经历，明德思源活动结识志同道合的优秀小伙伴；“走进日企·感受日本”访日交流活动中，感受到日本企业严谨的文化制度和科学的环保意识；在 APEC 国家会议中心指挥部秘书处担任志愿者的十余天时间里，近距离参与并学习高规格活动的滴水不漏……投身过学生工作，感受过国际文化，参与过志愿服务。他用四年时光给自己一个缤纷的回忆，也让自己找到了兴趣和梦想所在：“我渐渐发现，我对学科交叉的机器学习领域产生了浓厚的兴趣，希望可以建立优而美的模型与算法，让计算机可以从数据中学习到模型与规律。”参加实验室，阅读相关文献、补充背景知识、构思实验设计、分析实验结果、锻炼写作能力，他在一点点修习这些研究工作的必修课也用努力收获了自己的成功。

说起四年间的骄傲，牛玉磊幸福地说道：“要从四年本科生活中找到一件最让自己满意的事情，我觉得，是我做出了最适合自己的选择。永远没有最完美的选择，重要的是能够接纳一个不完美的自己，尝试生活中尽可能多的可能，在机会来临的时候果断地抓住，用一个平和的心态去面对生活中的挫折，不断挑战自我与激励自我。很感谢四年里遇到的每一个人与经历的每一个故事，在体验过不同的生活模式后，我终于可以心无旁骛地定下自己未来的方向，充满信心地开始崭新的研究生生活。”

提到获得学校“毕业十星”的荣誉，牛玉磊淡然地说：“毕业十星的活动不只是‘造神运动’，而要能让师弟师妹们感受到前进的动力。原来他们也是从零开始，一点一滴积累才有了今天。一项热爱的事业，一次独特的经历，一颗热情的心，一场说走就走的旅行，一次奋不顾身的爱情。我们不可能成为另一个他或她，但我们可以成为自己的‘星’与‘神’。接纳自己的不完美，挑战自己的极限，包容与进取心缺一不可。”

大学充斥着无数的梦想和选择，而每一份选择的背后都有彩虹般绚烂的未来。牛玉磊用对梦想的向往和热爱支撑自己不懈的奋斗，又用脚踏实地的努力书写着简单生活中的不平凡，原来日复一日的坚持也可以幻化为成功的精彩。一万个人就拥有一万个选择和梦想，而你认真的坚持也会让每个选择都变得精彩。

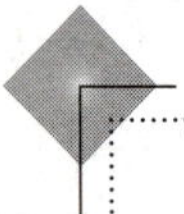

【人物介绍】

牛玉磊，中国人民大学信息学院 2011 级本科生，主修计算机科学与技术，副修统计学。在校期间成绩优异，综合学分绩 3.81。曾任院分团委学生会常务副主席、朋辈心理咨询中心人事主管等职。大学期间全面发展，在各个领域挑战自

我。曾获美国大学生数学建模竞赛一等奖、全国大学生数学建模竞赛北京市一等奖、大学生创新实验计划国家级立项并优秀结项。以第一作者身份完成的英文长文被人工智能国际顶级会议IJCAI 2015(人工智能与模式识别领域A类会议)全文录用。获2015届中国人民大学"毕业十星"挑战之星荣誉称号,以学院综合测评第一的成绩保送本院攻读计算机应用技术专业直博生。

6.2.5 在探索中追寻自我[①]——专访2011级本科生江政宝

1. 我对未知很好奇

面对采访,江政宝一直是很放松的状态。

当谈到获得吴玉章奖学金时,江政宝淡然地表示,"其实没什么的,这次参评本来只是想试一试,能得奖也很侥幸"。他向我们解释道,不同于本科生参选吴玉章奖学金,在研究生阶段参选,评委会更加注重学术研究的情况,而这早已变成他生活的一部分。

故事的开端在大四那年。加入文继荣老师带领的大数据管理与分析方法研究北京市重点实验室的他,仿佛发现了新大陆,进一步坚定了做科研这条路。他为我们简要地介绍了他目前的研究方向——搜索结果多样化,譬如如何在用户搜索"苹果"时同时展示手机与水果这两种搜索结果,技术上要判别不同文档的内容和含义以及查询所涵盖的多种信息需求。说到研究时,江政宝的眼中闪熠着光芒,对待自己的每一项研究,他都如数家珍。

① 文章来源:中国人民大学《信息月刊》"人物专访"栏目,2017年12月,记者:李亨。本文已进行再次编辑。

在实验室的日子，经常埋头就是一整天，对于这看似“枯燥”的生活，江政宝乐在其中。“研究时你会感觉到，尝试新事物的新鲜感和好奇心被满足时的满足感，这是独一无二的。相比本科时喧嚣的生活，我更喜欢现在的宁静，可以踏踏实实地做点事情”。回想起刚进学校那会儿，对大学的一切充满了新鲜感，平时兴趣爱好广泛的他也没少做尝试，参加大创小创美赛国赛、负责社团运作、选了很多人文方向的课程、也有过无数个求是刷夜的记忆……直到加入实验室，不断深入地接触、理解某个问题、某项技术，从一开始跟着导师的思路走，到现在拿到新的课题能提出自己的思路，他慢慢体会到了成长，也发现了自己有更多需要改进的地方。“我很高兴在大四做出了现在看来正确的选择，加入实验室，在文继荣老师、窦志成老师、赵鑫老师的指导下，把重心完全放在科研上。”

2. 人大理工学科的独特魅力

谈及本科生活，江政宝颇为感慨地说道：“研究生后基本是专注科研了，相比之下，本科生活更加‘多彩’和‘光鲜’。”江政宝表示，人民大学这个具有浓厚文理兼济的环境，塑造了具有完整血肉的人大人。他和我们谈起了之前参加多种学生活动的体会：“有很多机会接触不同领域的牛人，有工业界的，也有学术界的，增广见闻的同时，还能帮助自己提早规划未来的选择。”他不忘分享一些选修课的感受，“我之前选了一个关于《红楼梦》的课，还有有趣的人文社科类的课程。相比充满逻辑的信院课程，这些人文类课程完全是另外一种感觉，能接触到很多思维方式完全不同的其他院系的师生，在培养自己数理能力的同时，增添人文关怀，这是人大特别的地方。”

对于自己所成长的人大的学术环境，“在人大学习理工科有一种不一样的味道。我们注重技术，注重实践，我们的同学接受的是知识上、智力上的洗礼，感受的是逻辑思维之美，而其他文科的院系更加注重人文素养的培养。虽然朋友圈曾经疯转过一篇文章，说学计算机的西二旗程序员，5 万月薪过得像 5 千一样，给人一种理工科学生都是不懂生活、没有情趣的书呆子形象。我倒不这么觉得，我很自豪在人大能成为理工生这种 minority，我们追求的是另外一种美，逻辑上的美和实干的美，这种美可能不那么光鲜，但是很实在。那种亲手实现一个系统、写出一个 APP 的成就感，不是其他专业的同学所能体会到的。”

3. 未来从现在开始

在很多机会与挑战中，江政宝坦言，他也曾经陷入迷区。还没加入实验室之前，他把学习和知识看得很次要，“想着大学了，干嘛每天呆在教室里，多枯燥啊，应该多走出去，和各种各样的人打交道”。随着逐渐深入了解自己的专业，他重新端正了思想“对待知识还是要一丝不苟的，注重实事求是，严谨治学的精神，学生主业还是学习。之前在知乎看到一句话，我很认同，原话是‘学术永远应该是每个大学的核心’。我的理解是，大学可以很多样，鼓励创业、鼓励社团、鼓励多种多样的体验，但是大学的重心，应该有且只有一个，那就是学术，或者说得再泛一些，就是对知识的传承和创造”。本科四年，他也从曾经的“social”蜕变为“academic”。四年如白驹过隙，大一大二的摸索和学习，让他在大三大四确定了自己的规划。

一路走来，身边的同学都做出了自己的选择。有热衷新闻写作，致力于新闻研究的同学，也有大一大二修完大学课程，大四就拿到天使基金投身创业的同学，“尝试不是要不断变换，而是要摸索出你自己感兴趣，愿意发展的那一条道路，然后专注地走下去”。

时光匆匆，如今研三的他，用吴玉章证明了自己的成长与努力。他总结到：“珍惜眼下的时光，勇敢的尝试，做出选择，保持专注”。对未来的真正慷慨，是把一切献给现在。

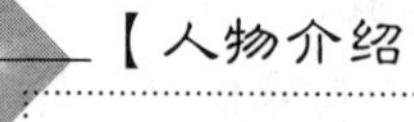

【人物介绍】

江政宝，2011级中国人民大学信息学院计算机应用与技术专业本科生；2015年保送本院计算机应用技术专业研究生，加入大数据管理与分析方法研究北京市重点实验室，师从窦志成、文继荣老师，研究方向为信息检索、自然语言处理，研究成果发表在SIGIR、TKDE等会议和期刊上。

6.2.6 天下没有白费的努力[①]——专访2012级本科生王依诺

三年来，她沉心学习，两类专业课成绩均接近满分。她享受学科竞赛与科研经历，也逐渐走上了丰富人生阅历的实习之路。除此之外，她还乐于参与国际交流，在哈佛亚洲大学生国际交流峰会上作为中国代表、成为康奈尔大学暑期学校学员等经历开拓了她的视野，也让她收获了多方面的能力，她是王依诺。虽然是众人眼中的标准“学霸”，她其实只想认认真真地走自己的人生路。

1. 沉淀于生活

2012年，王依诺来到了人大。身为理科生的她，由于向往着学习金融而选择了人大，而后也顺利地进入了金融数学实验班。要修的学分很多，课程也安排得紧密，她没有畏惧，也不多想，只是迎难而上，认真对待每一门课程，在课堂上努力理解老师传授的知识，提高效率，向着更高的分数默默努力着。面对着较其他学科而言更难

① 文章来源：中国人民大学党委宣传部新媒体中心“青年”栏目，2016年3月。本文已进行再次编辑。

的数学，她绝不松懈，“既然是自己选择的专业，就要尽量把它学好”，而到了期末，优异的成绩便成为了她坚持和付出最好的证明。

除了专业知识的学习，她也积极参与各种学科竞赛并且都取得了不错的成绩。提起数学建模大赛，王依诺笑着说：“每次都觉得做不下去啊，自己做的东西很奇怪啊，或者做完了心里也没底，想着这个比赛就这么玩玩吧，没拿奖就算了，但每次结果都还挺好的。现在想一想，这样的比赛更多的还是需要一种坚持，要把自己的思路理清楚。”此外，各种比赛不止考验个人的素质，对团队的整体能力也有一定要求。在北美大学生数学建模大赛中，她和队友们共同探讨出问题的解决方式，而后根据各自的长处分工合作，各有侧重，最终收获了一等奖的好成绩。

在王依诺的生活中，还有一笔绚烂的点缀，那就是各种各样的国际交流。出于爱玩的天性，她喜欢去争取一些出国交流的机会，康奈尔大学暑期学校、哈佛亚洲大学生国际交流峰会、中国青年领袖金融高峰会……如此，走向更宽广的世界。对她来说，这些参与国际交流的机会既能让她体验异国风情，又能增长见识，锻炼自己的能力，何乐而不为？于是，她主动去查找信息、报名、笔试面试，直至最终得到名额，去到自己想去的地方，做自己想做的事。

2. 行走在路上

走过大一，她变得更加成熟。她的目光变得开阔，对新事物的好奇和对未知领域的探求让她开始了一个又一个尝试。或许是兴趣驱使，或许是对未来就业的朦胧想法，她选择在建设银行某个支行做一个小小的实习生，尝试一些不一样的东西，“这份工作可能比较轻松，但它也可以是一个良好的开端，为将来做准备。”就这样，她比一般人更早地走上了实习的锻炼之路，她做了更多选择，更多尝试，只为更准确地找到自己的兴趣所在。

在普华永道、高盛学堂、麦肯锡、摩根大通等大公司的实习经历也让王依诺的思考更加全面,她感受到了这些大企业更开阔的视野,不会太着眼于细枝末节,而是更多地立足于宏观经济和公司的整体运营来统筹规划。虽然实习的工作总是琐碎的,但每到一个新的公司,参与每一个新的项目,就会学到很多崭新的知识,这让乐于探索新事物的她十分满足:“虽然在课堂上学过类似的知识,但你在实际工作中所做的那些东西真的是课堂上学不到的。以前课堂上学的可能都是一些知识点,但在工作当中,你是实实在在地在用这些东西。”

学习与实习等种种事务交织让她的生活变得十分忙碌,但她总是强调“时间只要挤还是有的,大不了少睡一点”。实在忙的时候,她会尽量利用好细小的时间,提高自己的效率,甚至牺牲自己吃饭睡觉的时间也要努力完成所有的事。但她同时也会做好另一手准备,当自己实在完不成任务时,提前和老师或老板打好招呼,这样至少可以不误事。正是在这种忙碌生活的锻炼之下,她成为了时间管理的达人,处事方式变得更加高效而有条不紊。

3. 绽放于未来

如今,王依诺已经获得了北京大学光华管理学院金融硕士项目的录取。与学术硕士不同的是,在专业培养上会更注重与就业等实际结合的应用性。她已经看准了这条道路,剩下的,就是好好地走下去。

她说,在人大的这几年,过得很充实,各方面的能力都有所提高,没有虚度光阴,也不曾留下遗憾:“如果已经感觉到遗憾了,就应该想办法努力去做点什么,来弥补这份遗憾。”正是基于这样坚定向上的想法,她从不懈怠,坚信着“天下没有白费的努力”,哪怕因为双学位压力难以出国交换,她也会主动争取成为康奈尔大学的暑校学员。就像这样,她总能让自己不留下太多遗憾。

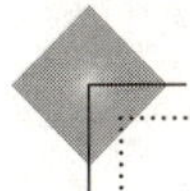

【人物介绍】

王依诺，中国人民大学信息学院2012级本科生。大一时，她以优异的成绩考入金融学—数学双学位实验班，从此开始了数学与金融学双学位的学习。本科期间，数学类专业学分绩4.0，金融类专业学分绩3.99，排名全院第一。曾获全美大学生数学建模大赛一等奖，中国大学生数学建模大赛全国一等奖。2014—2015学年中国人民大学学生最高荣誉"吴玉章奖学金"获得者。

6.2.7 从胜利走向成功[①]——专访2012级本科生陈凡

挂着像邻家大哥哥一样温暖的笑容，总会让人不禁怀疑陈凡就是专业课GPA达到3.95的"学霸"？可是似乎又能从他的笑容里看到丰富的学习生活经历在他身上积淀的自信从容。

陈凡的履历上写满了名校交换、硕师推荐、名企实习、参与科研工作和编写教材等等亮丽的字眼，让人不禁迫不及待地想要听听这些传奇故事。或许他的经历只能用精彩缤纷来形容：在高盛，他用流利的英语谈笑自若，成功进入高盛学者计划；在广发证券，市场数据的洪流在他编写的程序中呈现出清晰的规律，这项结合了编程与金融市场研究两项兴趣所在的工作更是深深吸引了他。还有在康奈尔大学交换的精彩经历，领略过教授严谨认真的态度，也领略过尼亚加拉大瀑布的壮观，而在课程临近尾声时小组展示研究成果，

① 文章来源：中国人民大学《信息月刊》"人物专访"栏目，2016年01月，记者：李智康。本文已进行再次编辑。

更是获得了教授的好评并成功收获教授为他写的一封推荐信。

当然,比故事更重要的是创造故事的能力。在出国交流过程中,他感受到高频率地上课和互动,“周一到周五上午上课加讨论,下午有讲座,以三周计,课时量未必少于数分高代;而且晚上准备的材料第二天就要运用,可以说思想在频繁地短兵相接。团队每次获得赞许,都离不开个人周密地准备和团队默契地配合。”而这背后是陈凡在处理学习与课余生活中锻炼出的游刃有余。

然而这只是一次胜利。一次胜利过后,人生的航船得以进入新的天地。他说,自己对未来的规划也是在一步步迈向新节点的过程中逐步清晰起来的,因为每一个新的经历都有可能改变人本身,比如他就在种种磨练中从内向、上台紧张变得自信而从容不迫。他说:“一切规划的基础都是现实,通往下一个胜利的门槛是一定水平的学习能力,是能倔强地把数学和计算机的基础课啃下来,翻书能清楚每一章节的内容,编写每一道程序的时候能在机器上理顺自己的思路,直到最后发现数学和计算机都没有想象的那么难。”

对外部世界的永不磨灭的好奇,对前沿知识的渴望,使陈凡决定出国深造。提及陈凡的长远打算,他毫不犹豫地回答“一定会回来”。他补充道:“因为这里是我们的国家,真正属于中国人的家。”更为重要的是,他心中除了对世界的好奇,还有对祖国的责任和对未来的期望。“如果我能给这个国家带来一点点改变,我想我就知足了。”朴实的回答里是其对祖国的热爱。

和陈凡道别之后,我望了望夜空。看似空无一物的天空就像无限可能的未来一样,没有明确指出一条路径。然而陈凡的经历却告诉我们,只要脚踏实地,就会走出一条新的道路:努力,思考,再努力,再思考,通过努力到达新高度,在新高度上思考,寻得适合自己的所在,规划下一步的行程,前往新的关键节点,从胜利走向胜利,也就变得水到渠成。

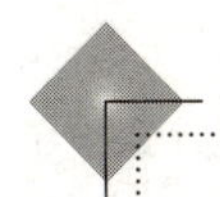

【人物介绍】

陈凡，中国人民大学信息学院2012级本科生，2014—2015学年吴玉章奖学金获得者。本科以优异成绩进入金融学—数学双学位实验班学习；本科总成绩位列年级前1%，本科期间先后担任学校社团联合会监察部部长、理事等职务；在2014年“千人百村”社会调研中，他的团队深入云南省怒江州白羊村调研，被评为当年的最佳团队。

6.2.8 大学，你得知道想要什么[①]——专访2013级本科生任华琛

“其实吴玉章奖不一定是每个人的奋斗目标，最重要的，是你知道自己想要什么。”

在不长的采访过程中，任华琛多次提到这句话：“你得知道想要什么，这很重要。”近四年的大学经历，更多地让他学会如何坚定自己的选择。

1. 知所进退，则近道矣：大学的自我认知，多试试才知道

“有人说，对努力积分，就得到成功，可是，如果你的努力不收敛，怎么办?”他用一个十分幽默的数学表达，刻画了自己的努力之道。回顾自己大学生活，任华琛认为，自己其实一直尽力使“努力”能够“收敛”，即让所有的努力都朝着同一个方向，为自己的成功做积淀。而这努力的过程，是一种博采众长，兼收并蓄的多元尝试。

① 文章来源：中国人民大学《信息学院》“人物专访”栏目，2017年01月，记者：彭俞皓。本文已进行再次编辑。

任华琛在大一时选了很多其他学院的课程,“多听一听其他专业的课,不然你怎么知道你自己想要什么?”尝试过,才会明白自己的方向所在。

在进入大学之后,很多人才发现,十二年的苦读几乎被两周选志愿的草率荒废,而任华琛选择将确定自己人生方向的过程适度延拓。这才有了他在采访过程中反复提到的“知道自己想要什么”的成功法门。

广泛的尝试是为了更好的专注:博洽其外,是为了给自己更多机会;而专注其中,则是为后续的发展积蓄更多的能量。

当下,确定自己将在金融工程方向继续发展的任华琛正在为自己出国留学做准备,他在大学就参与了财政金融学院的科研项目,也曾在银河证券、东亚银行等金融单位实习,这些经历体现了他的专业知识与应用能力。

2. 博洽其外,专注其中:眼界就是你的世界

“如果条件允许,希望大家都能有一次出国交换的经历,这是很好的见识世界的机会,外面的世界很精彩。”多元的社会带给人多彩的体验,任华琛从自己的出国经历中收获很多。

心力专一,眼界广阔,任华琛的大学生活大致可以这样描述。在杜克大学的学习经历以及在香港大学的交换经历都为他的世界增添了许多独特的元素:“你不仅可以认识各种有趣的人,体验许多不一样的生活,还可以了解相关领域的发展趋势与动向,这都是你在国内很难得到的。”在香港交换期间,任华琛切身感受了香港社会的点滴人事,比如社会交游广泛的美国同学、奔走在各大金融中心的印度哥们、上课自由风趣的香港学者……而环境优美、图书资源丰富的港大校园也使他更加享受与珍惜自己在香港的学习经历。

“在香港大学,想拿到一个漂亮的学分很不容易,因为他们过往的试题是公开的,每年都不一样。”具有挑战性的学习环境也激发了更多创造性学习的动力，在人大打下的牢固基础着实对他帮助不小。

对于信息学院的课程学习，他有着自己的看法和心得。“基础课很重要，比如数学分析教会你的，不仅仅是微分积分等课本上的知识，更是一种理论基础与学习能力。学习这些基础课，一定要专注、踏实。”而在学习课内知识的同时，有出国打算的同学需要尽早准备语言学习和考试等。

任务驱动而非目标驱动的行动有时是盲目的。而到底是见识越多越盲目，还是见识越多越坚定，这取决于个人是否有目标、有方向。眼界就是你的世界，但是，你的目光也需要一个明确的方向。

3. 兼收并蓄，兴趣为师：对于职业，我更注重工作本身的快乐

“在人大，你的兴趣和快乐很重要，这些东西能带给你平台。比如，你想做投行工作，你可以加入投行协会；对精算有兴趣，可以加入精算师协会；你想当记者，可以加入青年人大、新闻周报等校媒组织……”

热爱能创造不凡的价值，优秀者的共同点之一就在于对事业、志业的热爱。在价值评判趋于多元的时代，单一的价值评估标准已经过时，而热爱与专注所催生的成就是难以磨灭、世所共识的。

将追寻工作乐趣的目标带入到今后的学习和工作中去，这是任华琛规划职业的一个重要原则。“我想，只要工作能带给我快乐，具有创造力就行。”在谈到日后的职业规划时，当前并没有细致打算的任华琛依旧乐观。

专注、坚持、执行力……这些总是与优秀连接的词语其实并不复杂，可是，知易行难，能将一种精神践行下去实属不易。成功之道很简单：专注最先，执行最难，坚持最苦——有时候，仁远乎哉，我欲仁斯仁至矣。

【人物介绍】

任华琛,中国人民大学信息学院2013级本科生,2016—2017学年吴玉章奖学金获得者,本科期间学分绩3.83,曾在哈佛医学院、杜克大学以及香港大学等知名高校进行国际交流,现于耶鲁大学攻读统计学硕士。

结语

新时代要求下本科人才培养的发展方向

2018年是中国人民大学信息学院40周年院庆年。40年来,信息学院始终站在学科前沿,顺应时代发展潮流,探索新的人才培养模式、更新课程体系,为创新型和复合型人才的培养提供丰沃的土壤。

特别是2009年以来,结合新的形势,学院进行了多层次、多视角的探索与实践。招生培养模式上,学院自2009年开始在学院层面实施“宽口径招生,大类培养”,帮助学生完成知识结构向交叉复合型转变。在拔尖人才培养方面,2016年开始设立“图灵实验班”,培养计算机领域科研和实践均有竞争力的精尖人才。在选拔、教学、科研、实习等一系列流程中因材施教,采用精英教学模式,为今后的继续深造或进入社会打下坚实的基础。

2017年10月,党的十九大报告中八次提到互联网。2017年,习近平总书记在致信祝贺第四届世界互联网大会开幕中强调,要“建设网络强国、数字中国、智慧社会,推动互联网、大数据、人工智能和实体经济深度融合,发展数字经济、共享经济,培育新增长点、形成新动能。中国数字经济发展将进入快车道。”在新一轮科技革命和产业变革中,如何培养适应社会发展的高等人才,主动服务于国家创新驱动发展,加快教育改革创新,是国家对高等教育综合改革的新要求。

因此,在新时代中国数字经济加快发展的大环境下,信息学院需要找准定位,结合国家教育发展的历史与现实,充分总结国内外相关学科教育改革的经验和教训,确定新时代要求下学院本科人才培养的新理念和新思路,解决国家的重大需求。

根据中国人民大学"双一流"人才培养的总体要求,以本科人才培养路线图的基本原则,信息学院将继续推进大类培养模式改革与实践,探索学科交叉融合在人才培养方面的新形式、新方法,切实提升学院人才培养质量,培养信息化时代多学科交叉综合决策型社会治理人才,培养适应新技术新经济的专业人才,培养大类模式培养下的个性化复合型创新人才。

1. 支撑信息化时代多学科交叉融合育人体系,培养综合决策型社会治理人才

随着我国社会经济的快速发展,单一、割裂的人才培养体系已经不能适应社会需求,多学科交叉的复合型人才能够快速适应社会经济的发展需要,加速社会创新创业步伐。进一步培育多学科交叉融合的意识,积极探索多学科交叉融合的有效途径,建立完善的多学科交叉融合人才培养机制,是激发新时代高等教育人才创新活力,提高其创新水平,适应信息化时代发展需求的重要方向。

中国人民大学在我国人文社科领域具有明显的优势,随着信息化、大数据和人工智能的快速发展,信息技术在社会经济发展中的支撑作用越来越显著,如何将人文社会科学与工程学科进行交叉、进一步融合,建立一套全新的适应现代社会经济发展的多学科交叉融合人才培养体系,对于我国人文社会科学发展和新工科发展均具有重要的理论意义和实践价值。

信息学院在学校人文社会科学和工程学科交叉融合等方面已进行了一定的努力。学院积极推进信息科学与新闻、法律、公共管理等学科交叉融合,并建立了基于大数据文科综合训练虚拟仿真国家级实验教学中心,根据文科专业的教学特点,以综合训练所依托

的数据资源建设和软件平台建设为核心，为新工科深入改革和进一步发展奠定了良好的基础。

信息学院将以中国人民大学的实际情况为基础，积极配合学校“双一流”建设总体规划，整合数据和软硬件资源，建设面向全校人文社科研究的大数据实验平台，积极参与跨学科交叉的教学模式与课程体系建设，切实促进综合决策性社会人才的培养。

2. 以数据为中心建设新型计算机专业课程体系，培养适应新技术新经济的专业人才

21世纪以来，云计算、大数据和人工智能等新技术进入了飞速发展的新阶段，并且不仅局限在计算机领域发展，而是与大量其他的行业进行交叉融合，帮助其他行业升级，并不断创造出新的行业，是新经济最重要的驱动力之一。大力发展数据科学与大数据技术，实现从计算为中心到数据为中心的转变，既是新时代计算机学科发展的历史机遇，也是实现计算机学科在学校“双一流”建设总体规划下实现学科跨越式发展的使命所在。

从计算机专业教育，培养方式和课程体系的发展进化速度仍滞后于新技术的发展速度，目前仍然是沿用传统的以计算为中心的培养模式。传统的程序设计和计算机问题求解方面的课程缺少对并行计算的足够重视，学生对现代大规模分布式系统的了解和训练也较少。在课程设置上，学生对大数据的平台（云计算）、大数据的核心科学问题、计算智能等方面的了解不够。

因此，针对新经济社会对人工智能、大数据和云计算等新技术的新需求，学院将以数据为中心建设新型计算机专业课程体系，培养适应新技术新经济的专业人才计算机专业人才。首先，通过总结传统计算机专业教育的问题，分析新经济和未来技术对计算机专业教育的需求，确定以数据为中心的新型计算机专业教育体系。经过充分研讨，开展课程体系建设，通过课程建设全面落实以数据为中心的新型计算机专业教育体系。此外，在信息学院对新体系进行验证的基础上,将新的理念、实践过程中的经验和教训介绍给其他兄弟院校,推广以数据为中心的计算机专业教育体系。

学院将充分利用中国人民大学过去几十年中在数据库等数据科学领域的科研和人才培养的优势,将过去以计算为中心的计算机专业人才培养模式转变为适应未来技术发展的以数据为中心的计算机专业人才培养模式。

3. 完善大类培养模式管理与服务体系,培养个性化复合型创新人才

自 2009 年起,信息学院以"理科实验班"模式进行统一招生,初步尝试通过大类培养模式培养新工科创新型人才。但是,理科实验班改革仍然处于初级摸索阶段。

根据"基于结果的教育"的理念,教育活动的设计应对培养目标有支撑作用。这一原则,应该同样适用于第二课堂。作为大学生综合素质培养的重要一环,第二课堂在人才培养中具有举足轻重的地位。目前,第二课堂的活动组织相比第一课堂来随意性大,第二课堂获得的效果评价体系不够明晰,学生的学习过程、授课过程缺乏有力的监控。

因此,以素质培养为目标的学生第二课堂活动内容的计划化,搭建第二课堂管理与服务共享平台,是拓宽本科人才综合素质培养的重要一环,是提升个性化人才培养质量的重要方向。

信息学院将进一步明晰第二课堂的培养体系框架,在确立培养目标的基础上完善第二课堂培养方案。围绕个性化自助培养的模式要求,关注学生成长,提供主动服务,在学生管理过程中"悉心、细心、用心"的开展工作。

此外,继续加强在学生培养上的国际交流与合作,支持学生参加国际学术会议、鼓励学术成果国际发表,继续加大国际联合培养的力度,使学生能够跟踪学科前沿,具备国际交流与合作的能力。

必须说明的是,信息学院的本科人才培养是学院实现整体跨越

式发展的重要内容，离不开学科建设、科学研究、教师人才队伍建设、实验室平台建设与对外交流合作，本科人才培养工作需要充分整合资源，以培养促建设，推动信息学院整体工作的进步。同时，学院的本科人才培养是学校在“双一流”办学整体规划下遵循本科人才培养路线图基本原则的具体落实，是在中国人民大学党委的领导下，各分单位的指导与支持下不断积极探索实践的过程。

信息学院将立足办学实际，以学生的潜能得到最大的激发、能力获得极大发展为出发点，以新时代建设“网络强国、数字中国、智慧社会”为己任，凝聚共识，培养具有自主学习能力、创新能力、团队意识以及服务社会意识的综合决策型社会治理人才、适应新技术新经济的专业人才、个性化复合型创新人才。

【作者介绍】

文继荣，中国人民大学信息学院教授、院长、博士生导师，大数据管理与分析方法研究北京市重点实验室主任，国家“千人计划”特聘专家。主要研究方向是大数据管理和分析、信息检索、数据挖掘和机器学习。中国人民大学工学学士、硕士，中科院工学博士。1999 年加入微软亚洲研究院，自 2008 年起担任高级研究员和互联网搜索与数据挖掘组主任。国际著名会议和期刊上发表论文百余篇，担任多次国际会议和研讨会的程序委员和主席。信息检索领域主要期刊 ACM TOIS 和数据工程与知识工程领域主要期刊 IEEE TKDE 副主编。

附录 A

信息学院 2016 级本科生培养方案

信息学院

School of Information

理科实验班(信息与数学)专业培养方案

A.1 培养目标

理科实验班培养具有扎实的数学和计算机科学与技术基础,能从事各领域的计算机与信息系统开发、应用、管理、建模与分析的交叉复合型人才。本实验班含数学与应用数学专业、计算机科学与技术专业、信息管理与信息系统专业、信息安全专业和软件工程专业。学生进校时不分专业,学习期间通过选择课程形成专业,通过自主选择的培养模式和创新实践训练形成交叉、复合、个性化的知识结构和发展方向,并具备在各自感兴趣的领域进行独立分析和深入研究的能力。

A.2 培养要求

坚持四项基本原则,具有强烈的社会责任感,严谨务实的工作作风,追求真理、勇于探索的科学精神;具有健康的体质和人格,达到"学生体质健康标准"。

具有扎实的数学和计算机基础,掌握各专业的深入知识,了解各专业的发展趋势和前沿知识,具备较强的应用数学和计算机技术解决实际问题的能力。

A.3 总学分158～159学分，学制四年，授予理学学士学位或工学学士学位

数学与应用数学专业、信息管理与信息系统专业、信息安全专业：158学分

计算机科学与技术专业、软件工程专业：159学分

学制均为四年

授予理学学士学位：数学与应用数学专业

授予工学学士学位：信息管理与信息系统专业、信息安全专业、计算机科学与技术专业、软件工程专业

A.4 课程设置与培养环节

1. 基础技能12学分，全校共同课，必修

大学英语 12学分

2. 通识教育25学分，其中必修17学分，选修8学分

全校共同课：

(1) 思想政治理论课程群14学分，必修

(2) 新生研讨课1学分，必修

(3) 科学、人文与方法4学分，选修

(4) 原著原典选读2学分，选修

(5) 国际小学期全英文课程群2学分，选修

课程外学习：

(1) 经典历史著作阅读2学分，必修

(2) 通识教育大讲堂等公开系列讲座，不计学分

3. 专业教育95～96学分

数学与应用数学专业、信息管理与信息系统专业、信息安全专

业：95 学分。

计算机科学与技术专业、软件工程专业：96 学分。

(1) 学科基础课共 11 门，必修 55 学分

(2) 专业必修课

① 数学与应用数学专业共 6 门，必修 20 学分。

② 计算机科学与技术专业共 6 门，必修 21 学分。

③ 信息管理与信息系统专业共 6 门，必修 20 学分。

④ 信息安全专业共 6 门，必修 20 学分。

⑤ 软件工程专业共 6 门，必修 21 学分。

(3) 专业与跨专业选修课

20 学分。其中专业理论与应用基础课程不少于 6 学分(主修数学与应用数学专业从 A、B 模块选修不少于 6 学分，主修其他专业从 B、C 模块选修不少于 6 学分)；其他专业选修课不少于 6 学分(主修数学与应用数学专业的在方向一至方向四中至少选择 6 学分课程，主修信息管理与信息系统专业的在方向 5 至方向 7 中至少选择 6 学分课程，主修计算机科学与技术专业和软件工程专业的在方向 8 至方向 14 中至少选择 6 学分课程，主修信息安全专业的在方向 15 和方向 16 中至少选择 6 学分课程)；余下 8 学分可在本院其他专业的必修课或其他学院开设的学科基础课、专业必修课、专业选修课中选修。四年期间至少选修全英文专业课程 2 学分。

4. 素质拓展 10 学分，其中必修 8 学分，选修 2 学分

(1) 体育 4 学分，必修

(2) 心理健康教育 1 学分，必修

(3) 国防教育 2 学分，必修

(4) 职业生涯规划 1 学分，必修

(5) 公共艺术教育 2 学分，选修

5. 实践教育 14 学分

(1) 综合设计 2 学分

综合设计为针对大一学生开展的编程集训，集训时间为第一学年暑期两周时间。

(2) 社会研究与创新训练 2 学分

社会研究与创新训练是实践教育教学的重要组成部分，本科学生应在教师的指导下独立完成不少于 5000 字的社会研究报告，也可参加“千人百村调研”“大学生创新实验计划”、学科竞赛等项目（具体实施参见《中国人民大学信息学院本科生能力培养体系》中“课外科技活动实施方案”）直接申请社会研究与创新训练学分。

(3) 社会实践与志愿服务 2 学分

社会实践与志愿服务是学生思想政治教育的重要载体，也是我校实践教育教学的重要组成部分，内容包括志愿服务活动等，成绩认定为合格和不合格。

(4) 专业实习 4 学分

学生在第七学期开始进行专业实习，于第八学期的 4 月前结束。计 4 学分。实习结束后，填写《实习总结》表，并在指导老师指导下完成不少于 3000 字的实习报告（具体实施参见《中国人民大学信息学院本科生能力培养体系》中“专业实习实施方案”）。

(5) 毕业论文/设计 4 学分

第四学年撰写一篇毕业论文（8000 字左右），计 4 学分，通过论文写作，培养学生发现问题、解决问题的能力。

6. 发展指导 2 学分

发展指导类课程由学生根据个人兴趣和个性发展需求进行选修，包括基础技能强化与拓展、职业发展与就业指导、心理素质与心理健康、创新创业指导、研究与实践指导、研究生课程预修、国际学习指导、兴趣与爱好等类别。其中，“基础技能强化与拓展”包括有针对性的、个性化的阅读与写作、英语、计算机和数学等课程教学；“研究生课程预修”指面向获得校内保研资格的本科生开放硕士学位课程，课程的学习安排、考核和学分认定办法由研究生院组织制定。

A.5 学期安排及学程规划

学期安排方面，每学年分为秋季、春季、国际小学期三个学期。秋季学期和春季学期分别为 19 周，包括课堂教学 17 周，考试 2 周。国际小学期 4 周。

学程规划方面，数学与应用数学专业必修 126 学分，选修 32 学分。其中，第一学年秋季学期必修 26 学分，春季学期必修 26 学分，暑期必修 2 分；第二学年秋季学期必修 27 学分，春季学期必修 27 学分；第三学年秋季学期必修 5 学分，春季学期必修 5 学分，第四学年秋季学期必修 4 学分，春季学期必修 4 学分。

计算机科学与技术专业必修 127 学分，选修 32 学分。其中，第一学年秋季学期必修 26 学分，春季学期必修 26 学分，暑期必修 2 分；第二学年秋季学期必修 31 学分，春季学期必修 18 学分；第三学年秋季学期必修 9 学分，春季学期必修 7 学分；第四学年秋季学期必修 4 学分，春季学期必修 4 学分。

信息管理与信息系统专业必修 126 学分，选修 32 学分。其中，第一学年秋季学期必修 26 学分，春季学期必修 26 学分，暑期必修 2 分；第二学年秋季学期必修 31 学分，春季学期必修 17 学分；第三学年秋季学期必修 10 学分，春季学期必修 6 学分；第四学年秋季学期必修 4 学分，春季学期必修 4 学分。

信息安全专业必修 126 学分，选修 32 学分。其中，第一学年秋季学期必修 26 学分，春季学期必修 26 学分，暑期必修 2 分；第二学年秋季学期必修 31 学分，春季学期必修 21 学分；第三学年秋季学期必修 5 学分，春季学期必修 7 学分；第四学年秋季学期必修 4 学分，春季学期必修 4 学分。

软件工程专业必修 127 学分，选修 32 学分。其中，第一学年秋季学期必修 2 学分，春季学期必修 32 学分，暑期必修 2 分；第二学年秋季学期必修 30 学分，春季学期必修 23 学分；第三学年秋季学期必修 8 学分；第四学年秋季学期必修 4 学分，春季学期必修 4 学分。

选修方面，“科学、人文与方法”“原著原典选读”“公共艺术教育”及“发展指导”的具体课程可参见每学期教务处公布的网上课程选修表。学生可按培养方案要求合理安排、自主完成选修学分。

同时，我校的国际小学期于每年 7 月份举办，招收国际学生与我校学生同堂上课，其课程对我校学生免费开放，学生应于每年 6 月上旬在数字人大系统选课。“国际小学期全英文课程群”的具体课程可参见暑期学校网站课程信息。

理科实验班(信息与数学)培养计划表(1)

课程设置与培养环节	学习内容[课程编码]	学分	各学期学分配置								学习要求	学分设置
			一		二		三		四			
			秋	春	秋	春	秋	春	秋	春		
全校共同课	思想道德修养与法律基础[MS101103]	3	3								必修	17
	马克思主义基本原理[MS101110]	3		3								
	毛泽东思想和中国特色社会主义理论体系概论[MS101109]	6			4	2						
	中国近现代史纲要[MS101102]	2				2						
	新生研讨课[IF101001]	1	1									
	经典历史著作阅读[1]	2		1	1							
	原著原典选读[2]	2									选修	8
	科学、人文与方法[3]	4										
	国际小学期全英文课程群	2										
	跨文化沟通、学科通识、国情教育等讲座[4]系列											

续表

课程设置与培养环节	学习内容[课程编码]	学分	各学期学分配置								学习要求	学分设置
			一		二		三		四			
			秋	春	秋	春	秋	春	秋	春		
全校共同课	大学英语[FL101101][⑤]	12	4	4	4						必修	12
	体育[PE101101][⑥]	4	1	1	1	1					必修	8
	心理健康教育[SD101101]	1	1									
	国防教育[SD101102]	2	2									
	职业生涯规划[AC101101]	1		1								
	公共艺术教育[⑦]	2									选修	2
学科基础课	数学分析[IF101501]	15	5	5	5						必修	55
	高等代数[IF101502]	9	5	4								
	数学与信息科学概论[IF101503]	1		1								
	程序设计导论[IF103504]	4	4									
	程序设计实践[IF103505]	2		2								
	数据结构[IF103506]	4			4							
	普通物理[SC103507]	4		4								
	计算机组成原理[IF103510]	4			4							
	操作系统[IF103508]	4				4						
	概率论[IF101509]	4			4							
	数理统计[IF101511]	4				4						

注：①“经典历史著作阅读”属课程外学习环节，计 2 学分，学习安排、考核和学分认定办法由学生处组织制定；②“原著原典选读”为课程群，包括马克思主义经典、中国传统经典和西方文化经典，由学生自主选修 2 学分；③“科学、人文与方法”为通识教育大讲堂课程群，包括心理学与生活、传播理论基础、物理学与人类文明、世界文明史等课程，由学生自主选修 4 学分；④“跨文化沟通、学科通识、国情教育等系列讲座”属课程外学习环节，不计学分；⑤大学英语课程总学分为 12 学分，大学英语课程的学习安排、考核和学分认定办法由外国语学院组织制定；⑥体育课程总学分为 4 学分，包括太极拳(1 学分)、游泳(1 学分)和体育专项选修课(2 学分)。体育课程的学习安排、考核和学分认定办法由体育部组织制定；⑦“公共艺术教育”为课程群，由艺术学院、哲学院、文学院等开设，供学生自主选修 2 学分。

理科实验班(信息与数学)培养计划表(2)

课程设置与培养环节		学习内容[课程编码]	学分	各学期学分配置								学习要求	学分设置
				一		二		三		四			
				秋	春	秋	春	秋	春	秋	春		
专业必修课	数学与应用数学	实变函数[IF101601]	4				4					必修	20
		数学规划[IF101602]	4				4						
		常微分方程[IF101603]	4				4						
		复变函数[IF101604]	3					3					
		随机过程[IF101605]	3						3				
		时间序列分析[IF101606]	2						2				
	计算机科学与技术	面向对象程序设计[IF103607]	3				3					必修	21
		编译原理[IF103608]	3						3				
		算法分析与设计[IF103609]	3					3					
		离散数学[IF103610]	4			4							
		计算机网络[IF103611]	4						4				
		数据库系统概论[IF103612]	4					4					
	信息管理与信息系统	管理信息系统[IF102613]	2				2					必修	20
		离散数学[IF103610]	4			4							
		计算机网络[IF103611]	4						4				
		数据库系统概论[IF103612]	4					4					
		信息系统分析与设计[IF102614]	4					4					
		信息系统项目管理[IF102615]	2						2				
	信息安全	离散数学[IF103610]	4			4						必修	20
		信息安全概论[IF104616]	4				4						
		编译原理[IF103608]	3						3				
		计算机网络[IF103611]	4						4				
		数据库技术基础[IF104617]⑧	2				2						
		信息系统安全概论[IF104618]	3					3					

续表

课程设置与培养环节		学习内容[课程编码]	学分	各学期学分配置								学习要求	学分设置
				一		二		三		四			
				秋	春	秋	春	秋	春	秋	春		
专业必修课	软件工程	离散数学[IF103610]	4			4						必修	21
		面向对象程序设计[IF103607]	3				3						
		计算机网络[IF103611]	4						4				
		数据库系统概论[IF103612]	4					4					
		软件工程概论[IF105619]	3						3				
		算法分析与设计[IF103609]	3					3					

注:⑧信息安全专业学生可选数据库系统概论[IF103612]代替数据库技术基础[IF104617]。

理科实验班(信息与数学)培养计划表(3)

课程设置与培养环节			学习内容[课程编码]	学分	各学期学分配置								学习要求	学分设置
					一		二		三		四			
					秋	春	秋	春	秋	春	秋	春		
专业选修课	理论与应用基础	A 理论数学	近世代数[IF101701]	3				3					选修	20
			泛函分析[IF101702]	3					3					
			偏微分方程[IF101703]	3					3					
			点集拓扑[IF101704]	2							2			
			微分几何[IF101705]	3							3			
		B 应用数学基础	数学建模[IF101706]	2				2						
			数值计算[IF101707]	3						3				
			统计软件与实践[IF101708]	2						2				
			图论[IF101709]	2						2				
			组合数学[IF101710]	2						2				

续表

课程设置与培养环节			学习内容[课程编码]	学分	各学期学分配置								学习要求	学分设置
					一		二		三		四			
					秋	春	秋	春	秋	春	秋	春		
专业选修课	理论与应用基础	C 计算机理论与技术基础	数字逻辑与数字电路[IF103711]	3			3						选修	20
			汇编语言[IF104712]	3				3						
			运筹学[IF103713]	3				3						
			网络群体与市场[IF102767]	2					2					
			软件工程[IF103714]	3						3				
			逻辑论证与学术论文写作[IF103766]	1							1			
	方向1：优化与控制		博弈论[IF101715]	2					2					
			动态优化[IF101716]	2					2					
			随机优化[IF101767]	3						3				
			最优控制[IF101718]	2						2				
	方向2：经济应用		微观经济学[IF101719]	4					4					
			宏观经济学[IF101720]	4						4				
			计量经济学[IF101721]	4						4				
	方向3：金融数学		现代金融理论[IF101722]	2					2					
			金融数学概论[IF101723]	2					2					
			现代投资学[IF101724]	2						2				
			期权、期货及其衍生工具[IF101725]	2						2				
			实证金融[IF101726]	2							2			

注：专业理论与应用基础选修不少于 6 学分（主修数学与应用数学专业从 A、B 模块选修不少于 6 学分，主修其他专业从 B、C 模块选修不少于 6 学分）。

理科实验班(信息与数学)培养计划表(4)

课程设置与培养环节		学习内容[课程编码]	学分	各学期学分配置								学习要求	学分设置
				一		二		三		四			
				秋	春	秋	春	秋	春	秋	春		
专业选修课	方向4：金融信息管理	金融市场与金融机构[IF102727]	2				2					选修	20
		金融市场数学建模[IF102728]	2					2					
		金融数据挖掘[IF102729]	2						2				
		金融风险与系统思维[IF102730]	2				2						
		金融软件与实践[IF102731]	2							2			
	方向5：管理应用	管理学概论[IF102732]	2			2							
		管理经济学[IF102733]	3					3					
		信息技术伦理[IF102734]	2					2					
		业务流程管理(全英文)[IF102735]	3						3				
		信息系统与运营管理[IF102736]	3					3					
	方向6：电子商务	电子商务概论[IF102737]	3				3						
		Python 程序设计[IF102767]	3					3					
		ERP 应用与实践[IF102739]	3						3				
		电子商务系统设计与开发[IF102740]	3							3			
	方向7：信息系统开发	JAVA 程序设计[IF102741]	3				3						
		JSP 实用技术[IF102742]	3					3					
		EJB 实用技术[IF102743]	3						3				
		Web 应用系统开发实践[IF102744]	3						3				

续表

课程设置与培养环节		学习内容[课程编码]	学分	各学期学分配置								学习要求	学分设置
				一		二		三		四			
				秋	春	秋	春	秋	春	秋	春		
专业选修课	方向8：系统结构	移动平台应用开发[IF103745]	2				2					选修	20
		并行计算[IF103746]	2					2					
		分布式系统与云计算[IF103747]	2						2				
	方向9：人工智能	人工智能导论[IF103748]	3					3					
		机器学习[IF103750]	2							2			
		自然语言处理[IF103772]	2							2			
		模式识别[IF103749]	2						2				
	方向10：数据管理	实用数据库开发[IF103751]	2					2					
		信息检索导论[IF103752]	2						2				
		数据仓库与数据挖掘[IF103753]	2						2				
	方向11：数据科学	数据科学概论[IF103768]	2				2						
		统计学习[IF103769]	2						2				
		互联网实用开发技术[IF103770]	2							2			
		数据科学算法导论[IF103771]	2					2					

理科实验班(信息与数学)培养计划表(5)

课程设置与培养环节		学习内容[课程编码]	学分	各学期学分配置								学习要求	学分设置
				一		二		三		四			
				秋	春	秋	春	秋	春	秋	春		
专业选修课	方向12：多媒体技术	多媒体技术[IF103754]	2				2					选修	20
		Spoken Language Processing(言语信息处理)[IF103755]	2					2					
		数字图像处理[IF103756]	2						2				
		人机交互与用户界面[IF103773]	2					2					
	方向13：网络与通信	计算机组网技术[IF103758]	2						2				
		无线通信技术[IF103759]	2						2				
		现代通信技术[IF103760]	2							2			
	方向14：软件工程	软件质量保证与测试[IF105767]	2					2					
		软件系统设计与实现[IF105768]	2						2				
		软件工程经济学 [IF105769]	2							2			
		软件新技术专题[IF105770]	3							3			
	方向15：信息安全核心	程序设计安全[IF104761]	2					2					
		密码技术及应用[IF104762]	2					2					
		数字取证技术[IF104763]	2						2				
	方向16：信息安全拓展	网络安全技术[IF104628]	3					3					
		信息内容安全[IF104765]	2						2				
		信息安全管理[IF104766]	2							2			

续表

课程设置与培养环节	学习内容[课程编码]	学分	各学期学分配置								学习要求	学分设置
			一		二		三		四			
			秋	春	秋	春	秋	春	秋	春		
实践教育	综合设计[IF103907]⑩	2		2							必修	14
	社会研究与创新训练[IF130802]	2					2					
	社会实践与志愿服务[IF103905]	2				2						
	专业实习[IF103906]	4							4			
	毕业论文/设计[IF103803]	4								4		
发展指导	基础技能强化	2									选修	2
	专业技能强化											
	就业创业指导											
	读研指导											
	出国学习指导											
	心理健康指导											
	其他兴趣课程											

注：⑩该课程为第一学年暑期封闭训练 2 周。

理科试验班内部各专业之间副修第二学位及第二专业的副修方案

主修数学与应用数学副修计算机科学与技术第二学士学位学习要求

总学分　28 学分

1. 必修课程 24 学分

课　　程	学分	学期
离散数学[IF103610]	4	春季学期
算法分析与设计[IF103609]实*	3	秋季学期
计算机组成原理[IF103620]实*	4	秋季学期
数据库系统概论[IF103612]实*	4	秋季学期
计算理论导论[IF103621]实*	2	春季学期
编译原理[IF103608]实*	3	春季学期
计算机网络[IF103611]实*	4	春季学期

说明：本附录中“实*”表示含有不占学时的实验课。

2. 学位论文 4 学分

撰写一篇学位论文，要求 8000 字左右。

说明：

1. 学生按照培养方案要求跨专业选修的课程以及在国际小学期学习的 2 学分全英文课程，符合副修专业学习要求的，可纳入该专业学习认证范围。具体要求参见《中国人民大学本科学生副修制实施办法》。

2. 课程先修关系请见主修方案。

主修计算机科学与技术副修数学与应用数学第二学士学位学习要求

总学分 31 学分

1. 必修课程 27 学分

课　　程	学分	学期
概率论[IF101608]	4	秋季学期
数理统计[IF101609]双*	3	春季学期
实变函数[IF101601]	4	春季学期
数学规划[IF101602]	4	春季学期
常微分方程[IF101603]	4	春季学期
复变函数[IF101604]	3	秋季学期
随机过程[IF101605]	3	春季学期
时间序列分析[IF101606]双*	2	春季学期

2. 学位论文 4 学分

撰写一篇学位论文，要求 8000 字左右。

说明：

1. 学生按照培养方案要求跨专业选修的课程以及在国际小学期学习的 2 学分全英文课程，符合副修专业学习要求的，可纳入该专业学习认证范围。具体要求参见《中国人民大学本科学生副修制实施办法》。

2. 课程先修关系请见主修方案。

主修信息管理与信息系统副修数学与应用数学第二学士学位学习要求

总学分 31 学分

1. 必修课程 27 学分

课　　程	学分	学期
概率论[IF101608]	4	秋季学期
数理统计[IF101609](实)*	3	春季学期
实变函数[IF101601]	4	春季学期
数学规划[IF101602]	4	春季学期
常微分方程[IF101603]	4	春季学期
复变函数[IF101604]	3	秋季学期
随机过程[IF101605]	3	春季学期
时间序列分析[IF101606](实)*	2	春季学期

2. 学位论文 4 学分

撰写一篇学位论文,要求 8000 字左右。

说明:

1. 学生按照培养方案要求跨专业选修的课程以及在国际小学期学习的 2 学分全英文课程,符合副修专业学习要求的,可纳入该专业学习认证范围。具体要求参见《中国人民大学本科学生副修制实施办法》。

2. 课程先修关系请见主修方案。

主修数学与应用数学副修信息管理与信息系统第二学士学位学习要求

总学分 25 学分

1. 必修课程 21 学分

课　　程	学分	学期
商务数据分析基础[IF102622][实]*	2	秋季学期
管理信息系统[IF102613]	2	春季学期
运筹学[IF103623]	3	春季学期
计算机网络与应用[IF103634][实]*	4	春季学期
数据库应用概论[IF102624][实]*	4	秋季学期
信息系统分析与设计[IF102614][实]*	4	秋季学期
信息系统项目管理[IF102615]	2	春季学期

2. 学位论文 4 学分

撰写一篇学位论文，要求 8000 字左右。

说明：

1. 学生按照培养方案要求跨专业选修的课程以及在国际小学期学习的 2 学分全英文课程，符合副修专业学习要求的，可纳入该专业学习认证范围。具体要求参见《中国人民大学本科学生副修制实施办法》。

2. 课程先修关系请见主修方案。

主修计算机科学与技术副修信息管理与信息系统第二专业学习要求

总学分 21 学分

课　　程	学分	学期
商务数据分析基础[IF102622](实)*	2	秋季学期
管理信息系统[IF102613]	2	春季学期
运筹学[IF103623]	3	春季学期
计算机网络与应用[IF103634](实)*	4	春季学期
数据库应用概论[IF102624](实)*	4	秋季学期
信息系统分析与设计[IF102614](实)*	4	秋季学期
信息系统项目管理[IF102615]	2	春季学期

主修信息管理与信息系统副修计算机科学与技术第二专业学习要求

总学分 24 学分

课　　程	学分	学期
离散数学[IF103610]	4	春季学期
算法分析与设计[IF103609](实)*	3	秋季学期
计算机组成原理[IF103620](实)*	4	秋季学期
数据库系统概论[IF103612](实)*	4	秋季学期
计算理论导论[IF103621](实)*	2	春季学期
编译原理[IF103608](实)*	3	春季学期
计算机网络[IF103611](实)*	4	春季学期

主修数学与应用数学副修信息安全第二学士学位学习要求

总学分 29 学分

1. 必修课程 25 学分

课　　程	学分	学期
离散数学[IF103610]	4	春季学期
信息安全数学基础[IF104625]	2	春季学期
信息安全引论[IF104627][实]*	4	秋季学期
计算机系统原理[IF104626][实]*	3	春季学期
计算机网络[IF103611][实]*	4	春季学期
数据库技术基础[IF104617][实]*	2	春季学期
网络安全技术[IF104628][实]*	3	秋季学期
信息系统安全概论[IF104618][实]*	3	秋季学期

2. 学位论文 4 学分

撰写一篇学位论文，要求 8000 字左右。

说明：

1. 学生按照培养方案要求跨专业选修的课程以及在国际小学期学习的 2 学分全英文课程，符合副修专业学习要求的，可纳入该专业学习认证范围。具体要求参见《中国人民大学本科学生副修制实施办法》。

2. 课程先修关系请见主修方案。

主修信息安全副修数学与应用数学第二学士学位学习要求

总学分 31 学分

1. 必修课程 27 学分

课　　程	学分	学期
概率论[IF101608]	4	秋季学期
数理统计[IF101609][双]*	3	春季学期
实变函数[IF101601]	4	春季学期
数学规划[IF101602]	4	春季学期
常微分方程[IF101603]	4	春季学期
复变函数[IF101604]	3	秋季学期
随机过程[IF101605]	3	春季学期
时间序列分析[IF101606][双]*	2	春季学期

2. 学位论文 4 学分

撰写一篇学位论文,要求 8000 字左右。

说明:

1. 学生按照培养方案要求跨专业选修的课程以及在国际小学期学习的 2 学分全英文课程,符合副修专业学习要求的,可纳入该专业学习认证范围。具体要求参见《中国人民大学本科学生副修制实施办法》。

2. 课程先修关系请见主修方案。

主修计算机科学与技术副修信息安全第二专业
学习要求

总学分 20 学分

1. 必修课程 15 学分

课　　程	学分	学期
信息安全数学基础[IF104625]	2	春季学期
信息安全引论[IF104627](实)*	4	秋季学期
计算机系统原理[IF104626](实)*	3	春季学期
网络安全技术[IF104628](实)*	3	秋季学期
信息系统安全概论[IF104618](实)*	3	秋季学期

2. 选修课程 5 学分

专业选修课可从方向 15 中选择课程。作为主修的专业选修课的学分不能作为副修专业选修课的学分。

主修信息安全副修计算机科学与技术第二专业
学习要求

总学分 21 学分

1. 必修课程 16 学分

课　　程	学分	学期
算法分析与设计[IF103609](实)*	3	秋季学期
计算机组成原理[IF103620](实)*	4	秋季学期
数据库系统概论[IF103612](实)*	4	秋季学期
计算理论导论[IF103621](实)*	2	春季学期
编译原理[IF103608](实)*	3	春季学期

2. 选修课程 5 学分

专业选修课从方向 8 到方向 14 模块中选择课程。作为主修的专业选修课的学分不能作为副修专业选修课的学分。

主修信息管理与信息系统副修信息安全第二专业
学习要求

总学分 25 学分

必修课程 25 学分

课　　程	学分	学期
离散数学[IF103610]	4	春季学期
信息安全数学基础[IF104625]	2	春季学期
信息安全引论[IF104627](双)*	4	秋季学期
计算机系统原理[IF104626](双)*	3	春季学期
计算机网络[IF103611](双)*	4	春季学期
数据库技术基础[IF104617](双)*	2	春季学期
网络安全技术[IF104628](双)*	3	秋季学期
信息系统安全概论[IF104618](双)*	3	秋季学期

主修信息安全副修信息管理与信息系统第二专业
学习要求

总学分 21 学分

必修课程 21 学分

课　　程	学分	学期
商务数据分析基础[IF102622](双)*	2	秋季学期
管理信息系统[IF102613]	2	春季学期
运筹学[IF103623]	3	春季学期
计算机网络与应用[IF103634](双)*	4	春季学期
数据库应用概论[IF102624](双)*	4	秋季学期
信息系统分析与设计[IF102614](双)*	4	秋季学期
信息系统项目管理[IF102615]	2	春季学期

主修软件工程副修数学与应用数学第二学士学位学习要求

总学分 31 学分

1. 必修课程 27 学分

课　　程	学分	学期
概率论[IF101608]	4	秋季学期
数理统计[IF101609][双]*	3	春季学期
实变函数[IF101601]	4	春季学期
数学规划[IF101602]	4	春季学期
常微分方程[IF101603]	4	春季学期
复变函数[IF101604]	3	秋季学期
随机过程[IF101605]	3	春季学期
时间序列分析[IF101606][双]*	2	春季学期

2. 学位论文 4 学分

撰写一篇学位论文，要求 8000 字左右。

说明：

1. 学生按照培养方案要求跨专业选修的课程以及在国际小学期学习的 2 学分全英文课程，符合副修专业学习要求的，可纳入该专业学习认证范围。具体要求参见《中国人民大学本科学生副修制实施办法》。

2. 课程先修关系请见主修方案。

主修数学与应用数学副修软件工程第二学士学位
学习要求

总学分 28 学分

1. 必修课程 24 学分

课　　程	学分	学期
离散数学[IF103610]	4	春季学期
算法分析与设计[IF103609][实]*	3	秋季学期
数据库系统概论[IF103612][实]*	4	秋季学期
软件工程概论[IF105619][实]*	3	秋季学期
编译原理[IF103608][实]*	3	春季学期
计算机网络[IF103611][实]*	4	春季学期
并行体系结构与编程[IF106633][实]*	3	春季学期

2. 学位论文 4 学分

撰写一篇学位论文，要求 8000 字左右。

说明：

1. 学生按照培养方案要求跨专业选修的课程以及在国际小学期学习的 2 学分全英文课程，符合副修专业学习要求的，可纳入该专业学习认证范围。具体要求参见《中国人民大学本科学生副修制实施办法》。

2. 课程先修关系请见主修方案。

主修计算机科学与技术副修软件工程第二专业学习要求

总学分 21 学分

1. 必修课程 6 学分

课　　程	学分	学期
软件工程概论[IF105619]	3	春季学期
并行体系结构与编程[IF106633][实]*	3	春季学期

2. 选修课程 15 学分

专业选修课从方向 8 到方向 13 中选择 6 学分课程，完整修完 14 个模块中课程。作为主修的专业选修课的学分不能作为副修专业选修课的学分。

主修软件工程副修计算机科学与技术第二专业学习要求

总学分 21 学分

1. 必修课程 6 学分

课　　程	学分	学期
计算机组成原理[IF103620][实]*	4	秋季学期
计算理论导论[IF103621][实]*	2	春季学期

2. 选修课程 15 学分

专业选修课从方向 8 到方向 15 模块中选择课程。作为主修的专业选修课的学分不能作为副修专业选修课的学分。

主修信息管理与信息系统副修软件工程第二专业学习要求

总学分 24 学分

必修课程 24 学分

课　　程	学分	学期
离散数学[IF103610]	4	春季学期
算法分析与设计[IF103609](双)*	3	秋季学期
数据库系统概论[IF103612](双)*	4	秋季学期
软件工程概论[IF105619](双)*	3	秋季学期
编译原理[IF103608](双)*	3	春季学期
计算机网络[IF103611](双)*	4	春季学期
并行体系结构与编程[IF106633](双)*	3	春季学期

主修软件工程副修信息管理与信息系统第二专业学习要求

总学分 21 学分

必修课程 21 学分

课　　程	学分	学期
商务数据分析基础[IF102622](双)*	2	秋季学期
管理信息系统[IF102613]	2	春季学期
运筹学[IF103623]	3	春季学期
计算机网络与应用[IF103634](双)*	4	春季学期
数据库应用概论[IF102624](双)*	4	秋季学期
信息系统分析与设计[IF102614](双)*	4	秋季学期
信息系统项目管理[IF102615]	2	春季学期

主修软件工程副修信息安全第二专业

学习要求

总学分 20 学分

1. 必修课程 15 学分

课　　程	学分	学期
信息安全数学基础[IF104625]	2	春季学期
信息安全引论[IF104627](实)*	4	秋季学期
计算机系统原理[IF104626](实)*	3	春季学期
网络安全技术[IF104628](实)*	3	秋季学期
信息系统安全概论[IF104618](实)*	3	秋季学期

2. 选修课程 5 学分

专业选修课可从方向 15 模块中选择课程。作为主修的专业选修课的学分不能作为副修专业选修课的学分。

主修信息安全副修软件工程第二专业

学习要求

总学分 20 学分

1. 必修课程 16 学分

课　　程	学分	学期
算法分析与设计[IF103609](实)*	3	秋季学期
数据库系统概论[IF103612](实)*	4	秋季学期
软件工程概论[IF105619](实)*	3	秋季学期
编译原理[IF103608](实)*	3	春季学期
并行体系结构与编程[IF106633](实)*	3	春季学期

2. 选修课程 4 学分

专业选修课从方向 14 模块中选择课程。作为主修的专业选修课的学分不能作为副修专业选修课的学分。

主修数据科学与大数据技术副修数学与应用数学第二学士学位学习要求

总学分 31 学分

1. 必修课程 27 学分

课　　程	学分	学期
概率论[IF101608]	4	秋季学期
数理统计[IF101609](双)*	3	春季学期
实变函数[IF101601]	4	春季学期
数学规划[IF101602]	4	春季学期
常微分方程[IF101603]	4	春季学期
复变函数[IF101604]	3	秋季学期
随机过程[IF101605]	3	春季学期
时间序列分析[IF101606](双)*	2	春季学期

2. 学位论文 4 学分

撰写一篇学位论文，要求 8000 字左右。

说明：

1. 学生按照培养方案要求跨专业选修的课程以及在国际小学期学习的 2 学分全英文课程，符合副修专业学习要求的，可纳入该专业学习认证范围。具体要求参见《中国人民大学本科学生副修制实施办法》。

2. 课程先修关系请见主修方案。

主修数学与应用数学副修数据科学与大数据技术第二学士学位学习要求

总学分 32 学分

1. 必修课程 28 学分

课　　程	学分	学期
离散数学[IF103610](汉)*	4	春季学期
计算机系统基础 I[IF106630](汉)*	4	秋季学期
计算机系统基础 II[IF106630](汉)*	5	春季学期
数据库系统概论[IF103612](汉)*	4	秋季学期
大数据计算智能[IF106631](汉)*	4	秋季学期
非结构化大数据分析[IF106632](汉)*	4	春季学期
并行体系结构与编程[IF106633](汉)*	3	春季学期

2. 学位论文 4 学分

撰写一篇学位论文，要求 8000 字左右。

说明：

1. 学生按照培养方案要求跨专业选修的课程以及在国际小学期学习的 2 学分全英文课程，符合副修专业学习要求的，可纳入该专业学习认证范围。具体要求参见《中国人民大学本科学生副修制实施办法》。

2. 课程先修关系请见主修方案。

主修数据科学与大数据技术副修计算机科学与技术第二专业学习要求

总学分 20 学分

必修课程 20 学分

课　　程	学分	学期
算法分析与设计[IF103609](双)*	3	秋季学期
计算机组成原理[IF103620](双)*	4	秋季学期
数据库系统概论[IF103612](双)*	4	秋季学期
计算理论导论[IF103621](双)*	2	春季学期
编译原理[IF103608](双)*	3	春季学期
计算机网络[IF103611](双)*	4	春季学期

主修计算机科学与技术副修数据科学与大数据技术第二专业学习要求

总学分 24 学分

必修课程 24 学分

课　　程	学分	学期
计算机系统基础 I[IF106630](双)*	4	秋季学期
计算机系统基础 II[IF106630](双)*	5	春季学期
数据库系统概论[IF103612](双)*	4	秋季学期
大数据计算智能[IF106631](双)*	4	秋季学期
非结构化大数据分析[IF106632](双)*	4	春季学期
并行体系结构与编程[IF106633](双)*	3	春季学期

主修数据科学与大数据技术副修信息管理与信息系统第二专业学习要求

总学分 21 学分

必修课程 21 学分

课　　程	学分	学期
商务数据分析基础[IF102622][实]*	2	秋季学期
管理信息系统[IF102613]	2	春季学期
运筹学[IF103623]	3	春季学期
计算机网络与应用[IF103634][实]*	4	春季学期
数据库应用概论[IF102624][实]*	4	秋季学期
信息系统分析与设计[IF102614][实]*	4	秋季学期
信息系统项目管理[IF102615]	2	春季学期

主修信息管理与信息系统副修数据科学与大数据技术第二专业学习要求

总学分 28 学分

必修课程 28 学分

课　　程	学分	学期
离散数学[IF103610][实]*	4	春季学期
计算机系统基础 I[IF106630][实]*	4	秋季学期
计算机系统基础 II[IF106630][实]*	5	春季学期
数据库系统概论[IF103612][实]*	4	秋季学期
大数据计算智能[IF106631][实]*	4	秋季学期
非结构化大数据分析[IF106632][实]*	4	春季学期
并行体系结构与编程[IF106633][实]*	3	春季学期

主修数据科学与大数据技术副修信息安全第二专业学习要求

总学分 19 学分

必修课程 19 学分

课　　程	学分	学期
信息安全数学基础[IF104625]	2	春季学期
信息安全引论[IF104627][双]*	4	秋季学期
计算机系统原理[IF104626][双]*	3	春季学期
计算机网络[IF103611][双]*	4	春季学期
网络安全技术[IF104628][双]*	3	秋季学期
信息系统安全概论[IF104618][双]*	3	秋季学期

主修信息安全副修数据科学与大数据技术第二专业学习要求

总学分 24 学分

必修课程 24 学分

课　　程	学分	学期
计算机系统基础 I[IF106630][双]*	4	秋季学期
计算机系统基础 II[IF106630][双]*	5	春季学期
数据库系统概论[IF103612][双]*	4	秋季学期
大数据计算智能[IF106631][双]*	4	秋季学期
非结构化大数据分析[IF106632][双]*	4	春季学期
并行体系结构与编程[IF106633][双]*	3	春季学期

主修数据科学与大数据技术副修软件工程第二专业学习要求

总学分 22 学分

1. 必修课程 13 学分

课　　程	学分	学期
算法分析与设计[IF103609](实)*	3	秋季学期
软件工程概论[IF105619](实)*	3	秋季学期
编译原理[IF103608](实)*	3	春季学期
计算机网络[IF103611](实)*	4	春季学期

2. 选修课程 9 学分

专业选修课完整修完方向 14 模块中课程。作为主修的专业选修课的学分不能作为副修专业选修课的学分。

主修软件工程副修数据科学与大数据技术第二专业学习要求

总学分 22 学分

1. 必修课程 17 学分

课　　程	学分	学期
计算机系统基础 I[IF106630](实)*	4	秋季学期
计算机系统基础 II[IF106630](实)*	5	春季学期
大数据计算智能[IF106631](实)*	4	秋季学期
非结构化大数据分析[IF106632](实)*	4	春季学期

2. 选修课程 5 学分

专业选修课从方向 8 到方向 13 模块中选择课程。作为主修的专业选修课的学分不能作为副修专业选修课的学分。

非理科试验班学生第二学位及第二专业的副修方案

数学与应用数学专业副修第二学士学位

学习要求

总学分 48 学分

1. 必修课程 44 学分

课　　程	学分	学期
数学分析 AI、AII、AIII	12	秋/春季学期
高等代数 AI、AII	6	秋/春季学期
概率论与数理统计 AI、AII	6	秋/春季学期
实变函数[IF101601]	4	春季学期
数学规划[IF101602]	4	春季学期
常微分方程[IF101603]	4	春季学期
复变函数[IF101604]	3	秋季学期
随机过程[IF101605]	3	春季学期
时间序列分析[IF101606][实]*	2	春季学期

2. 学位论文 4 学分

撰写一篇学位论文,要求 8000 字左右。

说明:

1. 副修课程先修关系请见主修方案。

2. 学生按照培养方案要求跨专业选修的课程以及在国际小学期学习的暑期课程,符合副修专业学习要求的,均可纳入该专业学习认证范围。具体要求参见《中国人民大学本科学生副修制实施办法》及教务处网上相关通知。

数学与应用数学专业副修第二专业
学习要求

总学分 20 学分

必修课程 20 学分

课　　程	学分	学期
实变函数[IF101601]	4	春季学期
数学规划[IF101602]	4	春季学期
常微分方程[IF101603]	4	春季学期
复变函数[IF101604]	3	秋季学期
随机过程[IF101605]	3	春季学期
时间序列分析[IF101606]㊙*	2	春季学期

说明：

1. 副修课程先修关系请见主修方案。

2. 学生按照培养方案要求跨专业选修的课程以及在国际小学期学习的暑期课程，符合副修专业学习要求的，均可纳入该专业学习认证范围。具体要求参见《中国人民大学本科学生副修制实施办法》及教务处网上相关通知。

计算机科学与技术专业副修第二学士学位
学习要求

总学分 46 学分

1. 必修课程 42 学分

课　　程	学分	学期
程序设计[IF103504]	4	秋季学期
程序设计实践[IF103505]	2	春季学期
数据结构[IF103506]	4	秋季学期
数据科学导论[IF103512]	4	春季学期
操作系统[IF103508]	4	春季学期
离散数学[IF103610]	4	春季学期
算法分析与设计[IF103609](实)*	3	秋季学期
计算机组成原理[IF103620](实)*	4	秋季学期
数据库系统概论[IF103612](实)*	4	秋季学期
计算理论导论[IF103621](实)*	2	春季学期
编译原理[IF103608](实)*	3	春季学期
计算机网络[IF103611](实)*	4	春季学期

2. 学位论文 4 学分

撰写一篇学位论文，要求 8000 字左右。

说明：

1. 学生按照培养方案要求跨专业选修的课程以及在国际小学期学习的 2 学分全英文课程，符合副修专业学习要求的，可纳入该专业学习认证范围。具体要求参见《中国人民大学本科学生副修制实施办法》。

2. 课程先修关系请见主修方案。

3. 副修计算机科学与技术专业需先修课程，分别为数学分析 AI、AII、AIII，高等代数 AI、AII，概率统计。

计算机科学与技术专业副修第二专业
学习要求

总学分 36 学分

必修课程 36 学分

课　　程	学分	学期
程序设计[IF103504]	4	秋季学期
数据结构[IF103506]	4	秋季学期
数据科学导论[IF103512]	4	春季学期
操作系统[IF103508]	4	春季学期
算法分析与设计[IF103609][实]*	3	秋季学期
计算机组成原理[IF103620][实]*	4	秋季学期
数据库系统概论[IF103612][实]*	4	秋季学期
计算理论导论[IF103621][实]*	2	春季学期
编译原理[IF103608][实]*	3	春季学期
计算机网络[IF103611][实]*	4	春季学期

说明：

1. 副修课程先修关系请见主修方案。

2. 学生按照培养方案要求跨专业选修的课程以及在国际小学期学习的暑期课程，符合副修专业学习要求的，均可纳入该专业学习认证范围。具体要求参见《中国人民大学本科学生副修制实施办法》及教务处网上相关通知。

信息管理与信息系统专业副修第二学士学位学习要求

总学分 43 学分

1. 必修课程 39 学分

课　　程	学分	学期
程序设计[IF103504]	4	秋季学期
程序设计实践[IF103505]	2	春季学期
数据结构[IF103506]	4	秋季学期
数据科学导论[IF103512]	4	春季学期
操作系统[IF103508]	4	春季学期
商务数据分析基础[IF102622][实]*	2	秋季学期
管理信息系统[IF102613]	2	春季学期
运筹学[IF103623]	3	春季学期
计算机网络与应用[IF103634][实]*	4	春季学期
数据库应用概论[IF102624][实]*	4	秋季学期
信息系统分析与设计[IF102614][实]*	4	秋季学期
信息系统项目管理[IF102615]	2	春季学期

2. 学位论文 4 学分

撰写一篇学位论文，要求 8000 字左右。

说明：

1. 学生按照培养方案要求跨专业选修的课程以及在国际小学期学习的 2 学分全英文课程，符合副修专业学习要求的，可纳入该专业学习认证范围。具体要求参见《中国人民大学本科学生副修制实施办法》。

2. 课程先修关系请见主修方案。

3. 副修信息管理与信息系统专业需先修课程，分别为数学分析 AI、AII、AIII，高等代数 AI、AII，概率统计。

信息管理与信息系统专业副修第二专业
学习要求

总学分 37 学分

必修课程 37 学分

课　　程	学分	学期
程序设计[IF103504]	4	秋季学期
数据结构[IF103506]	4	秋季学期
数据科学导论[IF103512]	4	春季学期
操作系统[IF103508]	4	春季学期
商务数据分析基础[IF102622][实]*	2	秋季学期
管理信息系统[IF102613]	2	春季学期
运筹学[IF103623]	3	春季学期
计算机网络与应用[IF103634][实]*	4	春季学期
数据库应用概论[IF102624][实]*	4	秋季学期
信息系统分析与设计[IF102614][实]*	4	秋季学期
信息系统项目管理[IF102615]	2	春季学期

说明：

1. 副修课程先修关系请见主修方案。

2. 学生按照培养方案要求跨专业选修的课程以及在国际小学期学习的暑期课程，符合副修专业学习要求的，均可纳入该专业学习认证范围。具体要求参见《中国人民大学本科学生副修制实施办法》及教务处网上相关通知。

信息安全专业副修第二学士学位
学习要求

总学分 47 学分

1. 必修课程 43 学分

课　　程	学分	学期
程序设计[IF103504]	4	秋季学期
程序设计实践[IF103505]	2	春季学期
数据结构[IF103506]	4	秋季学期
数据科学导论[IF103512]	4	春季学期
操作系统[IF103508]	4	春季学期
离散数学[IF103610]	4	春季学期
信息安全数学基础[IF104625]	2	春季学期
信息安全引论[IF104627](实)*	4	秋季学期
计算机系统原理[IF104626](实)*	3	春季学期
计算机网络[IF103611](实)*	4	春季学期
数据库技术基础[IF104617](实)*	2	春季学期
网络安全技术[IF104628](实)*	3	秋季学期
信息系统安全概论[IF104618](实)*	3	秋季学期

2. 学位论文 4 学分

撰写一篇学位论文,要求 8000 字左右。

说明:

1. 学生按照培养方案要求跨专业选修的课程以及在国际小学期学习的 2 学分全英文课程,符合副修专业学习要求的,可纳入该专业学习认证范围。具体要求参见《中国人民大学本科学生副修制实施办法》。

2. 课程先修关系请见主修方案。

3. 副修信息安全专业需先修课程,分别为数学分析 AI、AII、AIII,高等代数 AI、AII,概率统计。

信息安全专业副修第二专业

学习要求

总学分 41 学分

必修课程 41 学分

课　　程	学分	学期
程序设计[IF103504]	4	秋季学期
数据结构[IF103506]	4	秋季学期
数据科学导论[IF103512]	4	春季学期
操作系统[IF103508]	4	春季学期
离散数学[IF103610]	4	春季学期
信息安全数学基础[IF104625]	2	春季学期
信息安全引论[IF104627](实)*	4	秋季学期
计算机系统原理[IF104626](实)*	3	春季学期
计算机网络[IF103611](实)*	4	春季学期
数据库技术基础[IF104617](实)*	2	春季学期
网络安全技术[IF104628](实)*	3	秋季学期
信息系统安全概论[IF104618](实)*	3	秋季学期

说明：

1. 副修课程先修关系请见主修方案。

2. 学生按照培养方案要求跨专业选修的课程以及在国际小学期学习的暑期课程，符合副修专业学习要求的，均可纳入该专业学习认证范围。具体要求参见《中国人民大学本科学生副修制实施办法》及教务处网上相关通知。

软件工程专业副修第二学士学位

学习要求

总学分 46 学分

1. 必修课程 42 学分

课　　程	学分	学期
程序设计[IF103504]	4	秋季学期
程序设计实践[IF103505]	2	春季学期
数据结构[IF103506]	4	秋季学期
数据科学导论[IF103512]	4	春季学期
操作系统[IF103508]	4	春季学期
离散数学[IF103610]	4	春季学期
算法分析与设计[IF103609](实)*	3	秋季学期
数据库系统概论[IF103612](实)*	4	秋季学期
软件工程概论[IF105619](实)*	3	秋季学期
编译原理[IF103608](实)*	3	春季学期
计算机网络[IF103611](实)*	4	春季学期
并行体系结构与编程[IF106633](实)*	3	春季学期

2. 学位论文 4 学分

撰写一篇学位论文,要求 8000 字左右。

说明:

1. 学生按照培养方案要求跨专业选修的课程以及在国际小学期学习的 2 学分全英文课程,符合副修专业学习要求的,可纳入该专业学习认证范围。具体要求参见《中国人民大学本科学生副修制实施办法》。

2. 课程先修关系请见主修方案。

3. 副修信息安全专业需先修课程,分别为数学分析 AI、AII、AIII,高等代数 AI、AII,概率统计。

软件工程专业副修第二专业

学习要求

总学分 40 学分

必修课程 40 学分

课　　程	学分	学期
程序设计[IF103504]	4	秋季学期
数据结构[IF103506]	4	秋季学期
数据科学导论[IF103512]	4	春季学期
操作系统[IF103508]	4	春季学期
离散数学[IF103610]	4	春季学期
算法分析与设计[IF103609][实]*	3	秋季学期
数据库系统概论[IF103612][实]*	4	秋季学期
软件工程概论[IF105619][实]*	3	秋季学期
编译原理[IF103608][实]*	3	春季学期
计算机网络[IF103611][实]*	4	春季学期
并行体系结构与编程[IF106633][实]*	3	春季学期

说明：

1. 副修课程先修关系请见主修方案。

2. 学生按照培养方案要求跨专业选修的课程以及在国际小学期学习的暑期课程，符合副修专业学习要求的，均可纳入该专业学习认证范围。具体要求参见《中国人民大学本科学生副修制实施办法》及教务处网上相关通知。

数据科学与大数据技术专业副修第二学士学位
学习要求

总学分 50 学分

1. 必修课程 46 学分

课　　程	学分	学期
程序设计[IF103504]	4	秋季学期
程序设计实践[IF103505]	2	春季学期
数据结构[IF103506]	4	秋季学期
数据科学导论[IF103512]	4	春季学期
操作系统[IF103508]	4	春季学期
离散数学[IF103610][实]*	4	春季学期
计算机系统基础 I[IF106630][实]*	4	秋季学期
计算机系统基础 II[IF106630][实]*	5	春季学期
数据库系统概论[IF103612][实]*	4	秋季学期
大数据计算智能[IF106631][实]*	4	秋季学期
非结构化大数据分析[IF106632][实]*	4	春季学期
并行体系结构与编程[IF106633][实]*	3	春季学期

2. 学位论文 4 学分

撰写一篇学位论文，要求 8000 字左右。

说明：

1. 学生按照培养方案要求跨专业选修的课程以及在国际小学期学习的 2 学分全英文课程，符合副修专业学习要求的，可纳入该专业学习认证范围。具体要求参见《中国人民大学本科学生副修制实施办法》。

2. 课程先修关系请见主修方案。

3. 副修数据科学与大数据技术专业需先修课程，分别为数学分析 AI、AII、AIII，高等代数 AI、AII，概率统计。

数据科学与大数据技术专业副修第二专业
学习要求

总学分 44 学分

必修课程 44 学分

课　　程	学分	学期
程序设计[IF103504]	4	秋季学期
数据结构[IF103506]	4	秋季学期
数据科学导论[IF103512]	4	春季学期
操作系统[IF103508]	4	春季学期
离散数学[IF103610](实)*	4	春季学期
计算机系统基础 I[IF106630](实)*	4	秋季学期
计算机系统基础 II[IF106630](实)*	5	春季学期
数据库系统概论[IF103612](实)*	4	秋季学期
大数据计算智能[IF106631](实)*	4	秋季学期
非结构化大数据分析[IF106632](实)*	4	春季学期
并行体系结构与编程[IF106633](实)*	3	春季学期

说明：

1. 副修课程先修关系请见主修方案。

2. 学生按照培养方案要求跨专业选修的课程以及在国际小学期学习的暑期课程，符合副修专业学习要求的，均可纳入该专业学习认证范围。具体要求参见《中国人民大学本科学生副修制实施办法》及教务处网上相关通知。

附录B

信息学院能力培养体系与实施方案

B.1 能力培养的具体内容

信息学院提供的能力培养基本内容如下：

① 强调课程学习。通过培养学生扎实的专业基础，同时注重其专业思维、学习习惯和学习能力的培养，以助其专业兴趣、专业发展方向的形成。

② 加强学生程序设计课程教学，突出程序设计的实践训练，并在暑期进行综合设计的集中训练，为进一步实践能力培养打下坚实基础。

③ 鼓励学生参加学科竞赛，加强竞赛的组织和指导。

④ 通过课外阅读和读书笔记扩展知识面，培养学生专业兴趣、学习能力、专业视野和科学精神。

⑤ 学生进实验室与导师制对学生进行系统的科研训练。

⑥ 通过对选题、申报书撰写、答辩的全程指导，最大限度发挥创新实践计划对学生的能力培养功能。

⑦ 学术讲座让学生开阔眼界，接触学术前沿。

⑧ 利用暑期学校让学生了解学科前沿，并通过实训课程培养专业实践能力。

⑨ 通过毕业实习、毕业设计（论文）各个环节的指导与质量控制培养学生综合创新与实践能力。

⑩ 通过社会实践与社会服务帮助学生接触和了解社会，培养学

生的社会责任感和社会适应能力，树立正确的人生观和价值观，引导学生思考社会发展，更好地把握专业发展方向。

B.2 能力培养的具体要求

在信息学院理科实验班培养方案中，学生除完成前面各章所要求的课程学习外，还需要完成专门的能力培养环节。能力培养环节分为科学研究和实践教学两个部分，其构成和学分分配如表B.1所示。

表B.1 能力培养的具体要求

课程类别	课程编码	课程名称	学分	各学期学分配置							
				一	二	三	四	五	六	七	八
科学研究	IF103801	读书笔记	2							2	
	IF103802	课外科技活动	2							2	
	IF103803	毕业论文	4								4
实践教学	IF103907	综合设计	2		2						
	IF103905	社会实践与社会服务	2				2				
	IF103906	专业实习	4							4	

具体要求如下：

1. 读书笔记

读书笔记计2学分。学生自第二学期至第七学期每学期至少阅读学院提供的课外阅读书目中的一本，并完成一篇不少于5000字的学年读书笔记，按年度进行考核，毕业前累计应阅读6本课外书籍，4篇学年读书笔记。全部考核通过获2学分。

2. 课外科技活动

课外科技活动分为学科竞赛、科技竞赛、大学生创新实践计划、专业学术讲座四种形式，计 2 学分。学生自第二学年开始每学年应参加 7～8 次专业相关的学术讲座或学术报告，并完成不少于 5000 字的学年学术讲座总结报告，按年度进行考核，毕业前累计应参加不少于 20 次学术讲座，完成 3 篇学年学术讲座总结报告。参加学科竞赛、科技竞赛、大学生创新实践计划达到相关要求者分别减免次数不等的学术讲座和相应学术讲座总结报告。

3. 专业实习

专业实习计 4 学分，以两种方式进行。一种方式是学生在第二学年结束时可以申请加入教师的研究团队或实验室，在教师的指导下开展科研工作并承担研究助理工作；另一种方式是按照学院统一安排在第三学年结束时开始从事专业实习，通过双向选择并经学院批准，学生可以在校内或校外实习。两种情况均要求学生服从导师的安排，完成相关专业实习环节，达到各实习环节要求，完成预定实习任务。在此基础上完成不少于 5000 字的实习总结报告。导师在实习结束后对学生实习表现和总结进行综合评定，按百分制给出成绩。

4. 毕业设计(论文)

毕业设计(论文)计 4 学分，一般与专业实习同步进行，毕业设计(论文)书面写作最晚在第八学期开学开始，并在 4 月中旬提交学院教务科，学院将在 4 月中旬组织第一次论文答辩，并在 5 月上旬组织最终论文答辩。最终答辩分两种形式：分组答辩和学院集中答辩。对第一次答辩推选的优秀论文结果修改后在第二次答辩中进行学院集中答辩评出学院优秀毕业论文和推荐参评学校优秀论文；对第一次答辩中答辩小组认为完成不好的论文经过修改后在第二次答辩中进行学院集中答辩确定最终是否通过答辩。

5. 综合设计

根据信息学院专业特点和理科实验班培养理念的要求，综合设计主要对学生的程序设计进行综合的集中性训练，计 2 学分。综合设计在第一学年暑期小学期进行，为期两周，以讲练结合实施教学。目的在于加强程序设计基本技能的培养，帮助学生克服程序设计中的障碍，消除畏难情绪，提高学生综合分析、综合设计能力，为后续信息与数学学科的学习与实践奠定扎实基础。

6. 社会实践与社会服务

学生在校期间，必须参与不少于 8 项的社会实践与社会服务活动，其中志愿服务类活动不少于 1 项。

B.3 能力培养实施方案

为保证能力培养体系顺利实施，达到预期培养目标，由学院本科教学工作委员会组织能力培养工作组，由学院主管领导、班主任、辅导员、部分任课教师、相关课外科技活动指导教师、学生会相关成员构成。工作组负责对学生能力培养相关活动的组织、相关环节的考核与评优工作，并根据活动实施情况对相关实施办法进行修订。学院对能力培养各项工作中表现优秀的学生和教师进行表彰，对优秀作品进行发布和宣传。各项工作的具体实施方案阐述如下。

B.3.1 读书笔记实施方案

培养目的：掌握本专业方向相关基础知识及背景文化，养成阅读习惯，扩展学生知识面，加深对专业的认识，扩大专业视野，培养专业兴趣和科学精神。

培养方式：学院组织制定与专业相关且与各年级知识相适应的课外阅读书目，学生选择部分书目课后阅读并撰写读书报告，各班组织读书交流会。

具体实施方案：

1. 阅读书目的制定

为了使阅读书目具有广泛性、代表性和适应性，书目面向全体教师广泛征集，再由各系和学院讨论筛选后确定每个年级阅读书目的总目。阅读书目修订与培养方案修订同步，每两年更新一次，每年可微调。每位教师至少推荐两本，推荐时要求提供摘要和推荐理由，填写推荐相关信息。

2. 阅读书目遴选范围

推荐的课后阅读书籍可以是专业背景文化、专业发展的历史、科学家传记、专业科普、专业应用或交叉，以及其他对专业的认识、学习、励志有启发的书籍，但避免选择纯理论类的专业书籍。

3. 阅读要求

学生自第二学期至第七学期每学期至少阅读学院提供的课外阅读书目中的一本，每年度完成一篇不少于 5000 字的学年读书笔记，对所读书籍内容及收获进行总结。按年度进行考核，毕业前累计应阅读 6 本，4 篇学年读书笔记。全部考核通过获 2 学分。

4. 考核

学生根据本年度所阅读书籍，撰写相应学年读书笔记、报告。学年读书报告要求下载固定表格填写，于寒假后新学期开学时按班汇总成册交学院教务科，能力培养工作组将组织对读书报告进行评阅，成绩按“合格”或“不合格”计。

5. 优秀与最佳读书笔记评选

每个班每年度由评阅教师推荐 3 篇优秀读书笔记，教师在推荐时要求写出推荐理由(含评语)，能力培养工作组在此基础上每年级评选出 5 篇最佳读书笔记。优秀读书笔记和最佳读书笔记及其教师评语将在学院网站发表，作者将获得学院奖励。最佳读书笔记还将印制成册由学院永久存档。学生在课后阅读及其读书笔记方面的表现将为导师接收学生参加实验室和科研项目，以及推荐优秀应届本科毕业生免试攻读硕士学位研究生的重要参考依据。

6. 读书交流活动

各班在每年 5 月举办读书报告会，交流前一年度课外阅读的主要内容、收获和体会,以获得优秀读书笔记的学生发言为主,同时鼓励自由发言。

7. 不合格的处理

对年度读书笔记考核不合格者,教师应给出评语、不合格的理由以及处理意见,要求重读或重写读书笔记或修改读书笔记。

8. 毕业前审核

毕业学期5月前,学院教务将审核学生各年度读书报告完成情况,未按时完成者按学校关于延迟毕业相关要求处理。

B.3.2 课外科技活动实施方案

培养目的: 加强学生专业基础和专业素养,提高专业广度和深度,接触学科前沿,了解学科发展,培养学生专业应用与创新实践能力,团队合作精神与合作能力。

培养方式: 参加学科竞赛、科技竞赛、大学生创新实践计划、专业学术讲座四种形式。教师在各项活动的各个环节中提供有效的指导。

具体实施方案

1. 活动内容

课外科技活动分为学科竞赛、科技竞赛、大学生创新实践计划、专业学术讲座四种形式,计2学分。学科竞赛暂包括北京市和全国大学生数学竞赛、数学建模竞赛或美国大学生数学建模竞赛(只计1项),ACM程序设计大赛,全国信息安全竞赛。其他学科竞赛以及科技竞赛要求在申请参赛前向学院申请计入课外科技活动并获得批准方计入课外科技活动。

2. 活动基本要求

学生自第二学年开始每学年应参加6~8次专业相关的学术讲座或学术报告,并完成不少于5000字的学年学术讲座总结报告,按年度进行考核,毕业前累计应参加不少于20次学术讲座,完成3篇学年学术讲座总结报告。参加学科竞赛、科技竞赛、大学生创新实践计划达到相关要求者减免次数不等的学术讲座和相应的学术讲座总结报告。减免相关规定见下款。

3. 减免规定

① 参加北京市和全国大学生数学竞赛获北京市二等奖以上(含二等奖)减免 6 次讲座和 1 篇学年学术讲座总结报告。

② 参加全国大学生数学建模竞赛或美国大学生数学建模竞赛(只计 1 项),获北京赛区二等奖以上(含二等奖)减免 6 次讲座和 1 篇学年学术讲座总结报告。

③ 参加 ACM 程序设计大赛获亚洲赛区铜牌以上(含铜牌)减免 12 次学术讲座和 2 篇学年学术讲座总结报告。其他 ACM 正式队员由教练根据其参加学习和训练情况确定是否减免 6 次讲座和 1 篇学年学术讲座总结报告。

④ 参加全国信息安全竞赛获全国三等奖以上(含三等奖)减免 6 次讲座和 1 篇学年学术讲座总结报告。

⑤ 获大学生创新实践计划校级以上立项(含校级),完成项目结项合格,减免 12 次讲座和 2 篇学年学术讲座总结报告。

⑥ 参加其他科技竞赛获奖由本人提出申请由能力培养工作分委员会审核决定是否适当减免学术讲座及学年学术讲座总结报告。

4. 考核

学生每次听完讲座应由讲座组织者或报告人在课外科技活动登记册上签字,对其参加讲座进行确认。学年结束时对本年度所听讲座进行总结,就所听讲座的题目、主讲人,讲座的基本内容以及讲座后对相关知识所进行的梳理等撰写不少于 5000 字的学年讲座总结报告。学生应在第二学年开学初提交课外科技活动登记册以及讲座减免材料、学年讲座总结报告,由能力培养组进行考核。考核按“合格”或“不合格”计。

5. 不合格的处理

对学年课外科技活动不合格者由能力培养工作分委员会给出处理意见，如在下学年补听讲座次数、改写或重写学年讲座总结报告等。

6. 毕业前审核

毕业学期5月前，学院教务将审核学生各学年课外科技活动完成情况，未按时完成者按学校关于延迟毕业相关要求处理。

B.3.3 综合设计训练实施方案

培养目的：加强程序设计基本技能的培养，帮助学生克服程序设计中的障碍，消除畏难情绪，提高学生综合分析、综合设计能力，为后续信息与数学学科的学习与实践奠定扎实的基础。

培养方式：在第一学年结束的暑假以讲练结合方式进行集中性教学。

具体实施方案：

1. 时间安排

在第一学年结束的暑假，在暑期国际小学期期间，为期两周(全天)

2. 教学组织

该项目设责任教师1名，根据需要设任课教师若干，助教若干，组成教学团队。教师主要由该年级程序设计课程和程序设计实践课程教师担任，也鼓励其他感兴趣的教师参加。助教由编程能力强的研究生或ACM的优秀队员担任。责任教师负责教学安排、教学内容的设计与教学交流等组织协调工作，教学团队通过集体备课对教学内容进行设计，并分班承担实际教学工作。同时，教学团队根据教学进程应进行不少于3次教学交流。该项目实施小班教学，每班不超过30人，每个班配1名任课教师，3名助教。教学分班方式由教学团队按照因材施教、便于教学的原则确定。教师根据学生情况按3人一组对学生进行分组，起到传帮带的教学效果并培养团队协作意识和能力。

3. 教学内容与要求

教学内容由教学团队通过集体备课方式确定,不仅要明确讲授内容,而且要事先确定训练的题目。教学内容应注意与程序设计课程和程序设计实践课程的衔接,贯彻循序渐进、以练为主、讲练结合的原则。强调程序设计的基本功训练,避免过分复杂的算法。程序设计量在2000行代码以上,并体现不同的完成层次。具体教学内容和要求由教学团队另行制定。

4. 考核

由教学团队制定明确标准,分出层次,根据学生达到的层次确定最后的评分等级。考核可以组为单位,以提交系统、报告并加答辩演示的形式进行。等级由高到低分为A、B、C、D四个等级,其中D级为不合格。学生在集中训练与考核后可以自行训练,在新学期开学时再次接受测试得到一次升级的机会。所获等级将作为学生推免研究生复试参考。

5. 不合格的处理

未达到C级及以上等级者应该在集中教学后,在助教帮助下进一步训练,在新学期开学时重新接受测试,仍未达到C级者需要自行学习和训练,并在下一暑期参加集中学习和训练。

B.3.4 专业实习实施方案

培养目的:在实践中培养学生适应社会并综合运用所学知识解决实际问题的能力。

培养方式:学生在教师指导下直接参与实际科研项目、课题或参加实际部门工作。

具体实施方案:

1. 时间安排

一种方式是学生在第二学年结束时可以申请加入教师的研究

团队或实验室，由教师指导开展科研并承担研究助理工作；另一种方式是按照学院统一安排在第三学年结束时开始从事专业实习。专业实习于毕业学期的5月前结束。

2. 实习项目来源

实习项目分为校内实习项目和校外实习项目。校内实习项目是指我院或我校其他院系教师承担的科研项目或课题以及我校各部门的实际工作。校外实习项目是指其他高校、科研机构承担的科研项目或课题，或校外单位的实际工作。校外实习项目有学院、学校统一联系的实习基地或实习项目和学生自主联系的实习项目两类。

3. 实习选题的原则

所有实习项目应该体现本专业人才培养目标要求，能够培养学生理论联系实际，帮助学生获得本专业应用与实际生产或管理的知识与能力，使学生了解社会、接触生产实际，增强团队精神和创业意识。学生实习选题的确定应遵循教师指导与自主选择相结合的原则，鼓励学生结合各自发展规划与择业方向选择专业实习项目和实习内容。

4. 专业实习指导教师

每位学生的专业实习都必须确定一位指导教师。在学院以外的单位实习实行双导师制，除要确定一位所在实习单位的指导教师外，还需要确定本院一位老师作为其院内指导教师。指导教师应是具有讲师及以上专业技术职务的教师，或具有工程实践和教学经验的工程师及以上专业技术职务的工程技术人员，或实习单位与实习项目有关的技术骨干或管理负责人。

5. 指导教师职责

① 帮助学生制定实习计划，实习目标。

② 明确实习工作内容和要求，为学生实现实习目标提供尽可能的学习、锻炼机会和帮助，布置、督促和指导学生按计划完成各项实

习任务。

③ 对学生实习工作中的工作态度、工作能力、工作成果作出评价;指导学生撰写实习报告,评阅实习报告并结合实习表现评定学生专业实习的成绩。对学生未来发展和努力方向提出建议。

④ 院外实习的校内指导老师应同实习单位和实习单位的指导老师保持沟通联系,了解学生实习情况,根据学院人才培养理念、目标和实习要求争取实习单位的支持并协助实习单位指导教师对学生进行督促和指导,保证实习质量和目标的实现。

6. 确定实习项目和指导教师的程序

(1) 校内实习项目采用双向选择方式

校内实习项目和学院及学校统一联系的实习基地或实习项目采用双向选择方式确定选题和指导教师,按下列程序实施:

① 导师申报接收实习选题,提交《教师接收学生实习计划书》。

② 学院审核并公示导师提交的《教师接收学生实习计划书》。

③ 学生根据导师所报选题及指导人数申请实习选题,并报各班学习委员。

④ 导师确认接收学生名单后由学院公示导师接受学生名单。

⑤ 未接收学生进行第二轮申请选题,并报各班学习委员。

⑥ 学院公示第二轮导师接受学生名单。

⑦ 学院对其他未接收学生进行调配。

⑧ 填写《本科学生毕业实习选题申请表》,经指导教师签署意见交至学院教务科。

(2) 校外自主联系的实习项目采用审批制

① 学生提交《本科学生毕业实习选题申请表(校外)》《实习计划表》和《实习单位基本情况表》,并出具实习单位接收函。实习单位指导教师基本情况简介,导师同意指导的确认意见。

② 学生联系确定一名院内指导教师,指导教师签署确认意见。

③ 学生将上述材料报所在系的系主任,系主任就是否同意其院

外实习选题签署意见。并由学生连同其他材料报学院教务科。

7. 毕业实习的环节与要求

① 学生确定导师后，需填写《本科学生毕业实习选题申请表》并经指导教师在其上签署意见认可。最终提交至学院教务科备案。

② 学生在实习初期，应在指导老师的指导下，制订切实可行、具体明确的实习计划并填写《实习计划表》及《实习单位基本情况表》。

③ 院外实习学生在实习期间应遵守实习单位的纪律和要求，服从指导教师的安排，按期完成实习计划中确定的实习内容，及时填写《实习记录表》。

④ 院内实习的学生，应保证足够的实习工作时间，时间安排根据指导老师要求商定，但不得无故缺勤，指导教师应定期检查学生的实习计划和实习内容的完成情况，并提供实习指导(原则上每周不少于一次)。

⑤ 实习结束后，学生应对实习工作作出认真的总结，填写《实习总结表》，并在指导老师指导下完成不少于3000字的实习报告。

⑥ 院外实习的学生应请实习单位对其实习期间的表现和工作完成情况作出鉴定并由校外指导教师对其实习的成绩作出初步评定并由校内指导教师给出最终的成绩评定。校内实习学生的实习鉴定和成绩由指导教师给出或由所参加项目的负责人给出。

⑦ 实习成绩按优、良、中、及格、不及格五个等级评定。凡有以下情况之一，以不及格论：

- 未达到实习大纲规定的基本要求。
- 实习报告系抄袭。
- 实习时数达不到规定时数要求。
- 实习中严重违反实习纪律，造成严重安全事故、严重技术事故或造成恶劣影响。

B.3.5 毕业论文(毕业设计)实施方案

培养目的：培养学生实事求是的学风、严谨务实并勇于探索的科学态度和独立从事科学研究的能力,并使学生对某一领域有全面深入的掌握。

培养方式:在指导教师指导下独立开展研究工作,完成从确定选题、收集整理资料阅读文献,研究设计,到论文写作全过程。

具体实施方案:

1. 时间安排

毕业论文(毕业设计)一般与专业实习同步进行,初始阶段为思考探索选题阶段,最迟在第八学期开学第一周内确定选题,并报教务科备案。

2. 选题的来源

毕业论文(毕业设计)的选题一般来源于学生专业实习中对某一问题的深入、系统的思考和归纳,或解决实习过程中遇到的理论和技术问题所形成的系统的完整的解决方案。选题可以是指导教师提出,也可以在指导教师指导下学生自主提出并经导师同意。

3. 选题的原则

① 体现本专业的培养目标,实现毕业论文(毕业设计)的培养目的。

② 有利于学生对所学知识的综合应用,有利于学生研究、设计能力的培养。

③ 难度和份量适当,并能够使学生自主创新能力得到充分发挥。

④ 具有较好的理论或现实意义,以研究现实问题为主,能训练学生运用所学理论分析和解决实际问题的能力。

⑤ 鼓励理论和前沿问题研究,特别是不同学科(专业)相互交叉,相互渗透。

⑥ 鼓励学生在指导教师指导下自主确定选题。提倡学生结合自身发展规划和就业方向确定毕业论文(毕业设计)选题。

4. 指导教师

毕业论文(毕业设计)的指导教师一般由专业实习指导教师担任,其中院外实习的学生的毕业论文(毕业设计)的指导教师由其实习的院内指导教师担任。指导教师应由具有讲师及以上专业技术职务的教师或具有工程实践和教学经验的工程师及以上专业技术职务的工程技术人员担任,助教、研究生不能单独指导毕业设计(论文),但可有计划地安排协助指导教师的工作。

5. 指导教师职责

① 帮助学生确定毕业论文的选题;指导学生制定研究计划,传授研究方法;提供并指导学生阅读相关文献,明确研究思路。

② 帮助制定毕业论文的写作提纲、明确论文写作规范、明确毕业设计研究方案、督促学生按期完成毕业论文的写作任务;对学生的毕业论文(毕业设计)给出初步的评审意见。

③ 承担指导学生在校内进行毕业设计(论文)任务的教师,应指定时间和地点每周与学生见面至少一次,检查毕业设计(论文)的进度并答疑。学生对交流的讨论内容作出记录,经指导老师签字留存,将作为毕业设计(论文)成绩评定的重要根据之一。承担指导学生在校外进行毕业设计(论文)工作的教师,应定期(每周不少于一次)与学生邮件联系,了解毕业设计(论文)的进度并予以指导。交流邮件应留存,作为毕业设计(论文)成绩评定的重要依据。

④ 指导教师必须在学生答辩前对毕业设计(论文)进行审查,认真填写毕业设计(论文)考核评语并进行预评分,指导学生参加答辩。

6. 毕业论文环节与要求

毕业设计(论文)工作分三个主要阶段:选题与开题、研究与写作、论文答辩。学院将对各阶段进行集中检查并考核。检查结果分别作为评定学生毕业设计(论文)综合成绩的依据和评价教师指导工作成效的依据。

① 选题与开题。第七学期第12、11周学生在指导教师指导和帮助下确定选题方向。第12至15周，学生在指导教师指导下围绕选题方向查阅相关文献，明确研究问题和思路，确定选题，撰写开题报告并于第15周周五前完成开题报告工作。学生在第16周周五前提交《本科学生毕业论文指导手册》至学院教务科，以便学院毕业论文评审小组检查。

② 研究与写作。第七学期第16周至第八学期第8周为研究与写作阶段。在京实习的学生，毕业设计（论文）期间，学生每周与指导教师的交流和讨论不少于一次，学生对交流和讨论内容作出记录，经指导老师签字留存，作为毕业设计（论文）成绩评定的重要根据之一。京外实习的学生应通过电子邮件与指导教师进行每周不少于一次的交流，交流邮件应留存，作为毕业设计（论文）成绩评定的重要依据。无故缺席预定的交流和讨论按旷课处理；缺席时间达三分之一以上者，不得参加答辩，其成绩按不及格记。

③ 论文答辩。毕业论文（设计）完成后必须进行答辩。各专业应成立答辩小组，具体负责本专业毕业设计（论文）答辩和成绩评定。学院成立答辩委员会，对部分论文，组织院级答辩，最终确定成绩。

7. 论文答辩的组织与评优

① 学院实施二次答辩制度。

② 第八学期第9周周三至周五内安排毕业设计第一次答辩。第八学期第十二周周五前进行二次答辩。

③ 第一次论文答辩重点在于考察选题意义和完成质量，提出修改意见，暂不给予成绩评定。对于完成较好的论文可按20%的比例推荐参加学院级第二次论文答辩，并申报学院级优秀论文；对完成不理想的论文，各答辩小组对毕业论文的总体情况提出具体全面的修改方案，并提交至学院教务科备案，参加二次答辩时以供答辩委员会核查。对于其他学生的毕业论文按照答辩小组提出的修改意

见修改合格后提交至答辩小组，答辩小组根据论文的修改情况综合评定，给出答辩成绩。

④ 所有学生应认真领会第一次答辩小组提出的修改意见，认真修改。

⑤ 第二次答辩将重点审核学生论文修改情况是否达到第一次答辩小组的修改要求，并综合评定毕业论文答辩成绩，评定学院优秀毕业论文，确定推荐学校优秀毕业论文。

8. 不合格论文的处理

对因故取消毕业论文答辩资格或第二次答辩不合格者毕业论文成绩记为不合格；由此，延期毕业者一年后方可申请随下届补做毕业论文并参加论文答辩。

B.3.6 社会实践与社会服务实施方案

培养目的：为进一步规范我校本科学生社会实践与社会服务的管理，鼓励我校本科学生深入基层、服务社会，在服务与实践中锻炼自我、提升自我，特制定本方案。

培养方式：社会实践与社会服务是学生思想政治教育的重要载体，也是我校实践教学的重要组成部分，纳入我校本科学生必修课程，按 2 学分计，成绩认定为合格和不合格。

具体实施方案：

(1) 参与社会实践与社会服务内容

① 参与学校各机关部处组织开展的志愿服务等公益活动。

② 参与学校团学组织、学生社团组织开展的志愿服务等公益活动和集体活动。

③ 参与学院、学院团学组织与社团组织开展的志愿服务等公益活动和集体活动。

④ 参与班级、团支部组织开展的志愿服务等公益活动和集体活动。

(2) 组织与管理

教务处制作并发放《中国人民大学本科学生社会实践与社会服务登记卡》,用于记录学生参与社会实践与社会服务相关信息,并作为学生社会实践与社会服务成绩评定的重要依据。

学生在校期间,必须参与不少于 8 项的社会实践与社会服务活动,其中志愿服务类的活动不少于 1 项。

(3) 成绩评定

学生的社会实践与社会服务成绩按照《中国人民大学本科学生课程考核管理办法》相关规定,由指导教师进行初步评定,各学院主管本科教学工作的副院长或其他学院授权的负责人进行审查和确认。未通过社会实践与社会服务考核的学生,不能毕业,发给结业证书。

附录 C

信息学院本科生第二课堂培养方案

C.1　课程设置与培养评估

第二课堂中 9 个模块课程设置情况如下，其中：

① 学科竞赛模块选修部分应选修不少于 4 学分；

② 科研创新模块选修部分应选修不少于 4 学分；

③ 文体活动模块选修部分应选修不少于 14 学分（双专业及以上者应选修不少于 6 学分），超过 8 学分、不足 14 学分的部分可从其他模块中选修；

④ 社会实践模块选修部分应选修不少于 4 学分；

⑤ 志愿服务模块选修部分应选修不少于 20 学分（双专业及以上者应选修不少于 6 学分），超过 12 学分、不足 20 学分的部分可从其他模块中选修；

⑥ 职业规划模块选修部分应选修不少于 16 学分（双专业及以上者应选修不少于 6 学分），超过 10 学分、不足 16 学分的部分可以从其他模块中选修。

C.2 课程体系

模块一：思想政治与道德修养 77 学分，其中必修 28 学分，选修 49 学分

课程	课程内容	学分	性质	考核方式	记录方式
1	学风建设	4 学分	必修	汇报	汇报材料
2	“形势与政策”教育教学	24 学分	必修	签到 汇报	签到记录 汇报材料
3	党课学习小组	8 学分	选修	签到 汇报	签到记录 汇报材料
4	学院党校	10 学分	选修	签到 考试	签到记录 考试成绩
5	学校党校	15 学分	选修	签到 考试	签到记录 考试成绩
6	学院团校	6 学分	选修	签到 考试	签到记录 考试成绩
7	学校团校	10 学分	选修	签到 考试	签到记录 考试成绩

模块二：学科竞赛 22 学分，其中必修 2 学分，选修 20 学分

课程	课程内容	学分	性质	考核方式	记录方式
1	ACM 程序设计竞赛校内赛	2 学分	必修	参赛成绩	成绩单
2	ACM 程序设计竞赛亚洲赛区现场赛	4 学分	选修	参赛成绩	成绩单
3	全国大学生计算机设计大赛	2 学分	选修	参赛成绩	成绩单
4	全国数学建模竞赛	4 学分	选修	参赛成绩	成绩单
5	北美数学建模竞赛	4 学分	选修	参赛成绩	成绩单
6	全国大学生信息安全竞赛	4 学分	选修	参赛成绩	成绩单
7	其他类型学科竞赛	2 学分	选修	参赛成绩	成绩单

模块三：科研创新 26 学分，选修

课程	课程内容	学分	性质	考核方式	记录方式
1	“创新杯”学生课外学术科技作品竞赛	4 学分	选修	提交学术成果	成绩单

续表

课程	课程内容	学分	性质	考核方式	记录方式
2	大学生创新性实验计划	6学分	选修	提交学术成果	成绩单
3	“挑战杯”课外学术科技作品竞赛	6学分	选修	提交学术成果	成绩单
4	在专业领域核心期刊发表论文	6学分	选修	提交发表期刊	发表期刊原件或复印件
5	其他类型科研成果	4学分	选修	提交相关成果	相关成果原件或复印件

模块四：国际交流38学分，其中必修2学分，选修36学分

课程	课程内容	学分	性质	考核方式	记录方式
1	暑期国际小学期	2学分	必修	课程考核	课程成绩单
2	英国曼彻斯特大学项目	6学分	选修	对方课程考核	对方课程成绩单
3	香港城市大学项目	4学分	选修	对方课程考核	对方课程成绩单
4	澳大利亚昆士兰大学项目	4学分	选修	对方课程考核	对方课程成绩单
5	新加坡国立大学项目	4学分	选修	对方课程考核	对方课程成绩单
6	挪威科技大学项目	4学分	选修	对方课程考核	对方课程成绩单
7	英国雷丁大学项目	4学分	选修	对方课程考核	对方课程成绩单
8	纽约洲立大学—宾汉姆顿分校项目	6学分	选修	对方课程考核	对方课程成绩单
9	其他由学校组织申请的交流项目	4学分	选修	对方课程考核	对方课程成绩单

模块五：文体活动46学分，其中必修6学分，选修40学分

课程	课程内容	学分	性质	考核方式	记录方式
1	运动会、各项球赛等院级体育比赛观众	2学分	必修	参赛记录	参赛记录
2	运动会、各项球赛等院级体育比赛参赛	4学分	选修	参赛记录	参赛记录

续表

课程	课 程 内 容	学分	性质	考核方式	记录方式
3	运动会、各项球赛等校级体育比赛观众	2 学分	必修	参赛记录	参赛记录
4	运动会、各项球赛等校级体育比赛参赛	6 学分	选修	参赛记录	参赛记录
5	元旦晚会等院级艺术活动观众	2 学分	必修	参与记录	参与记录
6	元旦晚会等院级艺术活动参演	4 学分	选修	参与记录	参与记录
7	“一二·九”合唱等校级艺术活动参演	6 学分	选修	参与记录	参与记录
8	市级及以上体育比赛参赛	10 学分	选修	参赛记录	参赛记录
9	市级及以上文艺汇演参演	10 学分	选修	参与记录	参与记录

模块六：社会实践 20 学分，选修

课程	课 程 内 容	学分	性质	考核方式	记录方式
1	“人大使者家乡行”	4 学分	选修	提交相关图片和心得体会	图片与汇报材料
2	纵向规划项目	4 学分	选修	提交相关图片与调研报告	图片与汇报材料
3	科研合作项目	4 学分	选修	提交相关调查报告	相关调查报告
4	基层建设项目	4 学分	选修	提交相关心得体会	相关汇报材料
5	自由组队项目	4 学分	选修	提交相关材料	相关汇报材料

模块七：志愿服务 21 学分，选修

课程	课 程 内 容	学分	性质	考核方式	记录方式
1	计算机义诊	4 学分	选修	参与记录	参与记录与照片
2	“手拉手”数学辅导员	4 学分	选修	参与记录	参与记录与照片
3	“信手相连”辅导员	4 学分	选修	参与记录	参与记录与照片

续表

课程	课 程 内 容	学分	性质	考核方式	记录方式
4	社区、小学义务支教	2 学分	选修	参与记录	参与记录与照片
5	老年公寓志愿服务	2 学分	选修	参与记录	参与记录与照片
6	捐赠衣物、书籍等	1 学分	选修	参与记录	参与记录与照片
7	义卖、献血	2 学分	选修	相关记录	相关参与记录与献血记录
8	“志愿北京”认证志愿时数 4 小时	2 学分	选修	相关记录	认证志愿服务时数

模块八：社团活动 42 学分，选修

课程	课 程 内 容	学分	性质	考核方式	记录方式
1	学院学生会	7 学分	选修	组织内部考评	考核记录表
2	学院青年志愿者协会	7 学分	选修	组织内部考评	考核记录表
3	《信息月刊》杂志社	7 学分	选修	组织内部考评	考核记录表
4	学校学生会	7 学分	选修	组织内部考评	考核记录表
5	学校青年志愿者协会	7 学分	选修	组织内部考评	考核记录表
6	其他校级社团	7 学分	选修	组织内部考评	考核记录表

模块九：职业规划 16 学分，选修

课程	课 程 内 容	学分	性质	考核方式	记录方式
1	职业生涯访谈大赛	4 学分	选修	相关记录	参赛记录
2	简历制作讲座或比赛	4 学分	选修	提交结果	参赛记录
3	校友企业参观	4 学分	选修	相关记录	相关记录
4	校友讲座、论坛	2 学分	选修	相关记录	相关记录
5	各类证照考试	2 学分	选修	相关记录	资格证书

附录 D

教师、教学获奖情况概览（2006—2018 年）

D.1 教师荣誉

获奖时间	获奖项目及人员	获奖级别	授奖部门
2006 年	北京市优秀教师(龙永红)	北京市	北京市政府
2007 年	北京市教学名师奖(孟小峰)	北京市	北京市
2008 年	国家级及北京市教学名师(王珊)	国家级、北京市	国家、北京市
2014 年	北京市教学名师奖(龙永红)	北京市	北京市
2006 年	宝钢优秀教师奖(朱青)	——	宝钢教育基金会
2008 年	宝钢优秀教师奖(林勇)	——	宝钢教育基金会
2017 年	宝钢优秀教师奖(柯媛元)	——	宝钢教育基金会
2012 年	吴玉章优秀教学奖(龙永红)	——	吴玉章基金会
2004 年	中国人民大学十大教学标兵(卢刚)	校级	中国人民大学
2006 年	中国人民大学十大教学标兵(朱来义、左美云)	校级	中国人民大学
2007 年	中国人民大学十大教学标兵(陈红)	校级	中国人民大学
2009 年	中国人民大学十大教学标兵(阳庆节)	校级	中国人民大学

续表

获奖时间	获奖项目及人员	获奖级别	授奖部门
2010年	中国人民大学十大教学标兵（吴岚）	校级	中国人民大学
2012年	中国人民大学十大教学标兵（黄志勇、左美云）	校级	中国人民大学
2013年	中国人民大学十大教学标兵（尤晓东）	校级	中国人民大学
2017年	中国人民大学十大教学标兵（梁彬）	校级	中国人民大学
2005年	中国人民大学教学优秀奖（朱青、吴燕华）	校级	中国人民大学
2007年	中国人民大学教学优秀奖（朱来义、尤晓东）	校级	中国人民大学
2008年	中国人民大学教学优秀奖（徐西林）	校级	中国人民大学
2009年	中国人民大学教学优秀奖（闫俐）	校级	中国人民大学
2010年	中国人民大学教学优秀奖（余力）	校级	中国人民大学
2011年	中国人民大学教学优秀奖（孟岩）	校级	中国人民大学
2013年	中国人民大学教学优秀奖（戚发全）	校级	中国人民大学
2014年	中国人民大学教学优秀奖（张会平）	校级	中国人民大学
2015年	中国人民大学教学优秀奖（胡长英、柯媛元）	校级	中国人民大学
2016年	中国人民大学教学优秀奖（柴云鹏、李倩）	校级	中国人民大学
2016年	中国人民大学课外教学优秀奖（朱青、高金伍、秦波）	校级	中国人民大学
2017年	中国人民大学教学优秀奖（柴云鹏）	校级	中国人民大学

D.2 教学改革项目

获奖时间	获奖项目/人员	获奖项目	授奖部门
2009 年	“打通专业、自助培养、组合专业、复合学位”的本科人才培养模式建设(龙永红)	中国人民大学教改项目	中国人民大学
2009 年	《程序设计导论》课程在线题库建设(孙辉)	中国人民大学教改项目	中国人民大学
2009 年	《数据结构》课程实践内容改革(张孝)	中国人民大学教改项目	中国人民大学
2009 年	问题驱动的《离散数学》教学模式探索(余力)	中国人民大学教改项目	中国人民大学
2009 年	互动环境下的课程管理与教学评估平台研究与开发(杨小平、尤晓东)	中国人民大学教改项目	中国人民大学
2009 年	带动课程链的程序设计课程改革与建设(蒋洪迅)	中国人民大学教改项目	中国人民大学
2015 年	基于信息化和管理重心下移背景下的本科教学质量保障体系建设(龙永红)	北京市高等学校教育教学改革立项重点	北京市
2015 年	专业自主分流的大类培养模式与个性化复合型创新人才培养体系机制的深化与完善(杜小勇)	北京市高等学校教育教学改革立项面上	北京市
2018 年	信息化时代多学科交叉综合决策型社会治理人才培养模式探索与实践(龙永红)	2018 年首批“新工科”研究与实践项目	教育部
2018 年	大类培养模式下新工科个性化复合型创新人才培养体系机制的深化与完善(杜小勇)	2018 年首批“新工科”研究与实践项目	教育部
2018 年	以数据为中心的计算机专业教育改革与实践(文继荣)	2018 年首批“新工科”研究与实践项目	教育部
2008 年	教学成果奖	校级一等	中国人民大学

续表

获奖时间	获奖项目/人员	获奖项目	授奖部门
2012 年	教学成果奖	市级一等	北京市
2014 年	教学成果奖	国家二等	教育部
2017 年	跨学科大类培养模式：信息与数学学科的八年实践	中国人民大学高等教育教学成果奖特等奖	中国人民大学
2018 年	跨学科大类培养模式：信息与数学学科的八年实践	北京市高等教育教学成果奖一等奖	北京市

D.3　教材建设

2012 年	十二五规划教材(8 本)	国家级	教育部
2011 年	《计算机应用基础(中级)教程》(杨小平　尤小东)	北京高等教育精品教材	北京市
2013 年	《分布式系统与云计算》(陆嘉恒)	北京高等教育精品教材	北京市
2016 年	《数据库系统概论》课程(王珊　杜小勇　陈红)	首批“国家级精品资源共享课”	教育部
2017 年	《数据库系统概论》课程(王珊、杜小勇、陈红)	首批“国家级精品在线开放课程”	教育部

附录 E

信息学院历年出国深造本科学生去向情况（2009—2013 级）

姓名	学　　校	年级
王屹	美国纽约州立大学项目	2009 级
录助增	美国芝加哥大学计算机科学专业	2009 级
毕雅枫	意大利佛罗伦萨大学金融和保险精算专业	2009 级
曹博凯	美国伊利诺伊大学芝加哥分校计算机科学专业	2009 级
晁怡	美国北卡罗莱纳州立大学金融数学专业	2009 级
陈姝含	意大利佛罗伦萨大学金融和保险精算专业	2009 级
陈妍锦	美国哥伦比亚大学金融数学专业	2009 级
段茜茜	美国哥伦比亚大学精算专业	2009 级
韩儒馨	美国卡耐基梅隆大学	2009 级
侯日佳	美国卡耐基梅隆大学	2009 级
胡悦琛	美国纽约州立大学	2009 级
金帅	瑞士洛桑联邦理工学院金融工程专业	2009 级
老智勇	日本京都大学经济学专业	2009 级
李博闻	美国卡耐基梅隆大学	2009 级
李卉	美国罗格斯大学金融数学专业	2009 级
李梅英	新加坡国立大学	2009 级
李泉	英国伦敦大学国王学院金融学专业	2009 级
李双双	美国卡耐基梅隆大学	2009 级

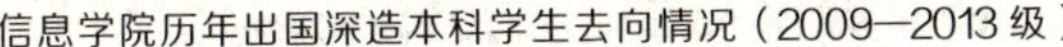

续表

姓名	学　　校	年级
李羿	美国波士顿大学统计学院统计学专业	2009 级
李子豪	英国曼彻斯特大学金融数学专业	2009 级
刘穆之	英国伦敦大学国王学院金融数学专业	2009 级
刘巳铫	美国卡耐基梅隆大学统计专业	2009 级
蒙萌	香港中文大学统计学院	2009 级
蒙姿合	美国杜克大学工程管理专业	2009 级
钱旻奇	新加坡国立大学计量金融专业	2009 级
邱浩雨	美国罗格斯大学金融统计和风险管理专业	2009 级
舒越	香港大学经济学	2009 级
宋焕	香港科技大学金融数学专业	2009 级
孙一凡	美国罗切斯特大学数学专业	2009 级
唐茂钦	英国格拉斯科计算机科学专业	2009 级
王博儒	美国约翰霍普金斯大学信息安全专业	2009 级
王嘉良	法国马赛商学院国际品牌管理专业	2009 级
王嘉文	美国哥伦比亚大学统计学专业	2009 级
王智毅	新加坡国立大学	2009 级
王中原	香港城市大学应用经济学专业	2009 级
徐宇杭	美国哥伦比亚大学统计学专业	2009 级
许遥	美国纽约州立大学	2009 级
杨君宜	美国纽约州立大学石溪分校计算机科学专业	2009 级
易可心	英国莱斯特大学金融数学与信息专业	2009 级
张贺家	美国哥伦比亚大学金融数学专业	2009 级
张菁	美国纽约州立大学石溪分校计算机专业	2009 级
张岳	美国乔治华盛顿大学金融专业	2009 级
郑诗娴	加拿大卡尔加里大学统计学专业	2009 级

续表

姓名	学　　校	年级
周欣宇	美国伊利诺伊理工学院数学与应用数学专业	2009 级
周夷行	美国凯斯西储大学金融专业	2009 级
朱思雨	美国约翰霍普金斯大学金融数学专业	2009 级
丁海韬	香港科技大学经济学硕士	2010 级
侯雅中	澳大利亚墨尔本大学信息管理系统专业硕士	2010 级
刘子俊	德国曼海姆大学经济学硕士	2010 级
陈雪莹	美国卡内基梅隆信息管理系统专业硕士	2010 级
胡婧璇	美国卡内基梅隆信息管理系统专业硕士	2010 级
张微	英国伦敦政经管理学硕士	2010 级
魏理	美国伊利诺伊理工学院市场分析与传播硕士	2010 级
郑博洋	美国纽约大学数据科学硕士	2010 级
沈克石	美国匹茨堡大学经济学硕士	2010 级
宋晨旸	美国福特汉姆大学	2010 级
刘文瀚	韩国大真大学校全球经济学硕士	2010 级
丁雪辉	美国哥伦比亚大学统计学硕士	2010 级
刘莉	香港大学统计硕士	2010 级
原静雯	美国福特汉姆大学金融工程硕士	2010 级
曹洁璇	美国加州大学戴维斯分校硕士	2010 级
舒荆阳	美国加州大学戴维斯分校数学博士	2010 级
刘欣远	美国亚利桑那大学数学博士	2010 级
白玉欣	美国卡内基梅隆信息管理系统专业硕士	2010 级
雍涵妮	美国哥伦比亚大学运筹硕士	2010 级
赵雨函	美国纽约大学计算机硕士	2010 级
苑中苗	美国雪城大学信息管理硕士	2010 级
邢泽人	美国佛罗里达大学统计系博士	2010 级

续表

姓名	学　　校	年级
郑玥	美国宾汉姆顿 3+2 联合培养	2010 级
刘卉灵	美国哥伦比亚大学文理学院统计系硕士	2010 级
陈志	澳大利亚澳洲国立大学精算硕士	2010 级
黄玲琳	美国卡内基梅隆大学生物统计学硕士	2010 级
陈思羽	新加坡国立大学风险管理硕士	2010 级
黄斯轲	香港理工大学硕士	2010 级
孙抒	美国杜兰大学金融硕士	2010 级
王子彦	美国福特汉姆大学金融工程硕士	2010 级
仇浩波	美国卡内基梅隆信息管理系统专业硕士	2010 级
计昱	澳大利亚墨尔本大学管理会计硕士	2010 级
刘开蕊	美国纽约大学金融硕士	2010 级
孙海伦	新加坡国立大学计量金融硕士	2010 级
王珏	美国南加州大学组织与管理博士	2010 级
孙道元	新加坡国立大学项目博士	2010 级
江俊	香港城市大学应用经济学硕士	2010 级
陈伊璇	美国罗格斯大学金融硕士硕士	2010 级
苏申豪	美国佩珀代因大学金融硕士	2010 级
苏士策	英国南安普顿大学计算机硕士	2010 级
贾丽蓉	香港中文大学经济学硕士	2010 级
侯笑宇	美国本特利大学管理信息系统专业硕士	2010 级
彭烯宇	美国伊利诺伊大学厄巴纳香槟分校统计专业硕士	2010 级
吴贤	美国宾汉姆顿 3+2 联合培养	2010 级
赵细雨	美国伊利诺伊理工大学	2010 级
孙小龙	美国宾汉姆顿 3+2 联合培养	2010 级
王奕涵	美国佛罗里达大学	2010 级

续表

姓名	学　　校	年级
康东鹤	瑞士联邦理工洛桑金融工程硕士	2010 级
邹毅	美国加州大学圣塔芭芭拉分校博士	2010 级
陈晓钟	加拿大麦吉尔大学	2010 级
费韶臻	美国纽约大学	2010 级
李之宜	美国伊利诺伊香槟分校统计专业硕士	2010 级
徐晨灿	新加坡国立大学项目博士	2010 级
戴维肖	美国乔治华盛顿大学	2010 级
丁笛童	美国南加州大学计算机科学硕士	2010 级
汪洲	美国雪城大学	2010 级
司马师洋	美国乔治华盛顿大学	2010 级
安慧隆	美国哥伦比亚大学统计学硕士	2011 级
鲍宁	新加坡国立大学计算机博士	2011 级
曾连宇	澳大利亚墨尔本大学计算机硕士	2011 级
陈碧莹	澳大利亚澳洲国立大学	2011 级
陈铭心	香港科技大学金融数学硕士	2011 级
陈瑛	香港科技大学商学院全球运营硕士	2011 级
程绪泽	英国华威大学比较企业经济学硕士	2011 级
杜宇礫	英国帝国理工学院统计学硕士	2011 级
庚婧	美国达特茅斯学院计算机科学硕士	2011 级
韩伟凡	美国石溪大学统计学硕士	2011 级
黄至煌	美国福特汉姆大学量化金融硕士	2011 级
姜瀚	美国芝加哥大学金融数学硕士	2011 级
蒋承晋	美国南加州大学计算机专业硕士	2011 级
金轶林	美国芝加哥大学金融数学硕士	2011 级
兰爽心	美国伊利诺伊大学香槟分校统计硕士	2011 级

续表

姓名	学　　校	年级
李诚鑫	美国哥伦比亚大学金融经济学博士	2011 级
李娜	澳大利亚国立大学商学院硕士	2011 级
李润雨	英国华威大学电子商务管理	2011 级
李维熠	美国迈阿密大学金融数学硕士	2011 级
梁俊卫	美国卡内基梅隆大学计算机硕士	2011 级
梁瑞文	丹麦南丹麦大学	2011 级
梁袁	丹麦南丹麦大学计算机科学硕士	2011 级
林莘瑞	美国罗格斯大学统计学硕士	2011 级
林旭洋	美国麻省理工大学	2011 级
林煦	美国哥伦比亚大学统计学硕士	2011 级
刘炫成	美国约翰霍普金斯大学金融数学硕士	2011 级
刘子合	美国加州大学戴维斯分校统计学硕士	2011 级
卢锐信	澳大利亚悉尼大学	2011 级
念逸群	美国哥伦比亚大学统计学院统计学硕士	2011 级
欧阳典	澳大利亚悉尼科技大学计算机科学博士	2011 级
彭昊	英国曼彻斯特大学 3+1 项目管理信息系统硕士	2011 级
齐展艺	澳大利亚新南威尔士大学信息技术硕士	2011 级
秦宇泉	美国乔治华盛顿大学艺术与科学学院统计硕士	2011 级
沙非	美国康涅狄格大学艺术与科学研究生院统计硕士	2011 级
申子伦	美国乔治华盛顿大学艺术与科学学院统计硕士	2011 级
史唯艳	美国加州大学伯克利分校数学与应用数学硕士	2011 级
苏蕉	香港中文大学博士	2011 级
汪道鹏	美国南加州大学数据科学硕士	2011 级
王浩泊	美国福特汉姆大学数量金融硕士	2011 级
王佳倩	美国麻省理工学院金融学硕士	2011 级

续表

姓名	学　　校	年级
王今今	英国曼彻斯特大学 3+1 项目管理信息系统硕士	2011 级
王天歌	美国卡内基梅隆信息系统管理硕士	2011 级
王添世	美国南加州大学硕士金融工程	2011 级
王通	香港大学	2011 级
王歆媛	美国纽约州立大学宾汉姆分校计算机硕士	2011 级
文昊	美国乔治华盛顿大学硕士计算机科学与技术硕士	2011 级
闻璐	澳大利亚悉尼大学	2011 级
吴天汉	澳大利亚墨尔本大学硕士	2011 级
吴屹林	澳大利亚墨尔本大学硕士金融	2011 级
肖锐	澳大利亚昆士兰大学硕士酒店管理硕士	2011 级
谢颜聪	澳大利亚昆士兰科技大学博士	2011 级
薛力荣	美国普林斯顿大学硕士	2011 级
张力元	英国曼彻斯特大学 3+1 项目管理信息系统硕士	2011 级
张斯瑶	英国曼彻斯特大学 3+1 项目项目管理硕士	2011 级
张信伟	美国华盛顿大学圣路易斯分校统计硕士	2011 级
周璇	美国约翰霍普金斯大学金融数学硕士	2011 级
高浩翔	美国哥伦比亚大学工学院运筹学硕士	2011 级
张连鹏	美国纽约州立大学宾汉姆顿分校	2012 级
文馨	美国东北大学信息系统专业硕士	2012 级
贺岩	美国休士顿大学数学博士	2012 级
冯雨菲	美国哥伦比亚大学统计学硕士	2012 级
邓浩楠	美国华盛顿大学量化金融	2012 级
方悠	欧盟硕士(伊拉姆斯)项目	2012 级
刘若尘	美国哥伦比亚大学统计学硕士	2012 级
曹怡然	美国俄亥俄州立大学计算机硕士	2012 级

续表

姓名	学　　校	年级
王邦国	美国哥伦比亚大学企业风险管理硕士	2012 级
潘健平	美国加州大学戴维斯分校纯数学博士	2012 级
陶冠华	英国曼彻斯特大学发展经济学硕士	2012 级
任梦园	美国圣何塞州立大学数学应用硕士	2012 级
穆冠堃	美国雪城大学计算机科学硕士	2012 级
李祺	美国加利福尼亚大学洛杉矶分校应用经济学硕士	2012 级
吴秋洋	英国伦敦大学学院公共政策硕士	2012 级
陈凡	美国卡内基梅隆大学计算金融硕士	2012 级
王嘉炜	美国雪城大学计算机科学硕士	2012 级
高子惠	英国曼彻斯特大学信息系统与信息管理硕士	2012 级
罗逸翔	美国哥伦比亚大学应用数学硕士	2012 级
蒋继林	美国哥伦比亚大学运筹学研究生	2012 级
徐远航	美国哥伦比亚大学统计学硕士	2012 级
张根	荷兰鹿特丹商学院管理学硕士	2012 级
刘一宁	美国卡内基梅隆大学数据科学硕士	2012 级
黄向颖	美国杜克大学数学博士	2012 级
黄雨晨	美国哥伦比亚大学统计硕士	2012 级
张如琪	美国康奈尔大学统计博士	2012 级
王瀚达	美国南加州大学计算机科学硕士	2012 级
王传琪	美国圣母大学统计博士	2012 级
刘一骄	英国曼彻斯特大学合作的 3+1 项目	2012 级
杨伯华	丹麦南丹麦大学计算机科学硕士	2012 级
罗可依	美国哥伦比亚大学应用分析硕士	2012 级
乔子欢	美国波士顿大学统计学硕士	2012 级
黄纪元	荷兰蒂尔堡大学定量金融学和保险精算科学硕士	2012 级

续表

姓名	学　校	年级
凯秋雯	美国卡耐基梅隆大生物技术创新学和计算硕士	2012 级
刘祎灵	美国杜克大学生物统计硕士	2012 级
王天石	美国密歇根大学安娜堡分校健康信息学硕士	2012 级
岳茜	英国曼彻斯特大学合作的 3+1 项目	2012 级
刘子淳	美国波士顿大学统计学硕士	2012 级
张嘉洋	美国卡内基梅隆大学娱乐技术硕士	2012 级
杨帆	美国纽约州立大学宾汉姆顿分校数学博士	2012 级
姜克寒	美国密歇根大学统计硕士	2012 级
赵芊芊	英国华威大学商学硕士	2012 级
石佳成	美国波士顿大学数理金融硕士	2012 级
郑子琳	英国伦敦大学国王学院金融数学硕士	2012 级
王琳棣	美国俄亥俄州立大学	2012 级
王奕人	美国加州大学圣地亚哥分校统计学硕士	2012 级
闫欣	美国哥伦比亚大学运筹学硕士	2012 级
刘阳	美国加州大学圣迭戈分校计算机科学硕士	2012 级
刘慧捷	英国伦敦大学学院统计学硕士	2012 级
俞晓露	美国伊利诺理工大学专业金融工程硕士	2012 级
骆威	美国伊利诺理工大学专业金融工程硕士	2012 级
王晓捷	澳大利亚墨尔本大学工程学院计算机博士	2012 级
袁蔚然	美国伦斯勒理工学院数量金融与风险分析硕士	2012 级
郑翰	美国密歇根大学安娜堡分校统计硕士	2012 级
薛乔轩	美国北卡罗莱纳州立大学计算机硕士	2012 级
王钟灿	美国卡耐基梅隆大学计算金融硕士	2012 级
余霞玉	美国纽约州立大学项目	2012 级
杨昊的	美国芝加哥大学统计硕士	2012 级

续表

姓名	学　　校	年级
张德慧	澳大利亚悉尼大学贸易硕士	2012 级
张兴翰	美国芝加哥大学计算机硕士	2012 级
王思齐	美国卡耐基梅隆大学信息技术硕士	2012 级
吴亚明	英国谢菲尔德大学管理硕士	2012 级
张小倩	美国伊利诺伊大学香槟分校统计硕士	2012 级
赵天瑞	美国纽约大学坦登工程学院金融工程硕士	2012 级
余晨	美国南加州大学计算机硕士	2012 级
郑丽琼	英国布里斯托大学经济硕士	2012 级

附录 F

信息学院本科生大学生创新实验计划立项情况（2010—2017年）

学院	项目名称	负责人	指导教师	立项级别	年份
信息学院	电子证据的可信性检测	孟墨	石文昌	国家级	2010 年
信息学院	图书馆图书资源老化规律研究——以北京地区高校图书馆为例	李德维	韩丽涛	国家级	2010 年
信息学院	基于模式识别的交互式智能会议系统开发	张映悦	杨刚	北京市级	2010 年
信息学院	基于 Web 2.0 的网络协作学习平台建设及相关实施策略研究	薛盛博	杜小勇	国家级	2011 年
信息学院	临终关怀志愿服务平台开发	叶奇意	陈红	国家级	2011 年
信息学院	盲分离技术及其在音乐应用上的研究	徐晨灿	许洁萍	北京市级	2011 年
信息学院	经典随机序在不完全信息博弈中的应用	祁俞靓	龙永红	北京市级	2011 年
信息学院	细粒度的 Android 权限机制设计与实现	陈怡	梁彬	国家级	2012 年
信息学院	社会网络分析视角下中国高校校友资源利用开发的现状与展望	孙道元	左美云、许伟	国家级	2012 年
信息学院	基于数据挖掘的股票自动交易系统构建研究	何雨桐	许伟	国家级	2012 年

续表

学院	项目名称	负责人	指导教师	立项级别	年份
信息学院	基于文本分析技术的文章“代笔”判定问题研究——以韩寒代笔门为例	刘开蕊	杜小勇	国家级	2012 年
信息学院	基于微博数据的情感分析统计编制消费者信心指数	丁海韬	孟小峰	北京市级	2012 年
信息学院	在博弈论视角下对“奥数热”成因的分析及对家长个体理性水平的再考量——基于在北京和西安的实地调研	张轶龙	龙永红	北京市级	2012 年
信息学院	基于移动互联的跨平台课程辅助学习交互系统开发与应用	唐月莹	杜小勇	国家级	2013 年
信息学院	电子商务中基于网络评价的商品口碑智能分析系统研究	董闻达	杜小勇、许伟	国家级	2013 年
信息学院	互联网协同工作模式研究与支撑平台开发	徐凯强	杜小勇	国家级	2013 年
信息学院	基于数据挖掘的社会事件类微博可信度自动分析研究	何晓东	孟小峰	国家级	2013 年
信息学院	高覆盖率的 Android 应用测试驱动框架研发	蒋承晋	梁彬	国家级	2013 年
信息学院	破解家庭农场发展瓶;融资难问题——基于浙江宁波慈溪地区的调查分析	张力元	王星	北京市级	2013 年
信息学院	电子商务中基于多目标规划的商品差异化推荐	刘莹	许伟	北京市级	2013 年

续表

学院	项目名称	负责人	指导教师	立项级别	年份
信息学院	O2O模式下的社交网络模式创新及其线上线下互动机制分析	罗逸翔	杨刚	国家级	2014年
信息学院	基于智能推荐和位置服务的生活服务类信息化平台的开发与应用——以中国人民大学食堂为例	杨帆	许伟	国家级	2014年
信息学院	基于数据可视化的人文社会科学数据处理平台研究与构建	徐杰	杜小勇	国家级	2014年
信息学院	数据分析视角下阿尔兹海默症病情预警模型及平台的构建	王蒙	左美云	国家级	2014年
信息学院	基于小数据的在线行为“指纹”识别研究	刘力	孟小峰	市级	2014年
信息学院	基于网络大数据的手机游戏走红要素的分析研究	李佩珊	陈晋川	市级	2014年
信息学院	校园信息采集与个性化推送平台研究	陈睿	杜小勇	市级	2014年
信息学院	基于精细三维定位的群智感知技术及其在校园实时人员密度的应用	杨铄丹	杨刚	国家级	2015年
信息学院	基于安卓平台的智能图片识别技术研究与开发	汪雅婧	李锡荣	国家级	2015年
信息学院	基于条件随机场理论的在线商品评论可信度分析模型与产品质量检测系统研究	李鑫睿	杜小勇	国家级	2015年

续表

学院	项目名称	负责人	指导教师	立项级别	年份
信息学院	基于网络舆情分析和集成学习理论的股票板块指数预测	黄昕庭	许伟	国家级	2015 年
信息学院	基于网络内容挖掘的个人信息安全评估与保护	朴乘志	梁彬	国家级	2015 年
信息学院	整合视线与手势跟踪的多通道自然人机交互技术研究	杨思婕	张新勇	北京市级	2015 年
信息学院	基于互联网数据的娱乐从业人员影响力评价体系研究	金宗平	陈红	北京市级	2015 年
信息学院	MOOC 2.0：基于用户画像的个性化人大校内网络学习平台创新	乐原	杨刚	北京市级	2015 年
信息学院	基于对比分析与破解的验证码安全性提升研究	屈蕾蕾	石文昌	北京市级	2015 年
信息学院	公众对核电的支付意愿调查及其影响因素研究——以深圳和青岛的实证研究为例	石赫	龙永红	北京市级	2015 年
信息学院	以 MOOC 模式为代表的互联网教育对于偏远地区教育的影响——基于对成本和教育质量的分析	谢嘉璐	欧耀彬	北京市级	2015 年
信息学院	基于大数据分析与物品组合的外卖 O2O 推荐系统与用户留存率研究	杨柳	许伟	国家级	2016 年
信息学院	社区级 WiFi 室内定位系统的开发及相关校园社交应用的探索	郑伟昊	王永才	国家级	2016 年

续表

学院	项目名称	负责人	指导教师	立项级别	年份
信息学院	基于深度学习的图书馆个性化推荐系统研究	程昊	文继荣	国家级	2016 年
信息学院	基于三角定位和信号衰减公式的伪基站判定机制的实现	周芳	梁彬	国家级	2016 年
信息学院	农村物流“多站合一”配送模式创新—基于引入客运系统的动态配送模型应用研究	李智康	蒋洪迅	国家级	2016 年
信息学院	基于 one-shot learning 的类脑计算技术研究——以字体识别为例	王维莹	柴云鹏	北京市级	2016 年
信息学院	面向课程学习与质量评估的问答 SNS 平台实现与应用	王硕	柴云鹏	北京市级	2016 年
信息学院	基于社交网络挖掘用户潜在求职意向	李军毅	梁循	北京市级	2016 年
信息学院	基于集成学习理论的众包物流配送员信用评级研究——以京东到家为例	王佳悦	许伟	北京市级	2016 年
信息学院	“全民记件”——基于区块链技术的物流透明化及加密系统的开发	马纳波	陈晋川	国家级	2017 年
信息学院	基于社交平台数据挖掘的大学生自杀倾向分析与预测——以新浪微博为例	王辉	许伟	国家级	2017 年
信息学院	支持 OBE 工程教育认证的课程管理与目标达成度评价系统开发与应用	马正一	杜小勇	国家级	2017 年

续表

学院	项目名称	负责人	指导教师	立项级别	年份
信息学院	雄安新区的动态监控与舆情分析预测——基于大数据的分析	张经纬	窦志成	国家级	2017 年
信息学院	基于深度学习的电子银行欺诈监测系统	杨昆霖	许伟	国家级	2017 年
信息学院	基于短文本分析和用户画像的弹幕智能过滤系统研发	张孟婉	孟小峰	国家级	2017 年
信息学院	基于深度学习的图像识别在高校食堂菜肴计费中的应用	王宇睿	李锡荣	北京市级	2017 年
信息学院	大数据背景下数据挖掘的实际应用——网络用户行为分析在高校贫困生精神贫困扶持方面的研究	郑寅铭	杜小勇	北京市级	2017 年
信息学院	基于标签向量相似度推荐算法的网络组队平台设计与实现研究	章晓慧	许伟	北京市级	2017 年
信息学院	基于卷积神经网络的多特征融合微博文本情感分析研究	廖钰蕾	窦志成	北京市级	2017 年
信息学院	基于网络舆情分析的大数据可视化网站建设	王林兰	卢卫	北京市级	2017 年

附录 G

学生综合养成与管理服务成果（2010—2018 年）

1. 中国人民大学学生最高荣誉吴玉章奖

年　　级	姓　　名	获 奖 年 份
2009 级本科	刘泽豪	2011—2012 学年
2011 级本科	杜宇磔	2013—2014 学年
2012 级本科	王依诺	2014—2015 学年
2012 级本科	陈凡	2014—2015 学年
2013 级本科	任华琛	2015—2016 学年
2011 级本科	江政宝	2016—2017 学年

2. 北京市先进班集体

2010 年，2008 级本科信息 1 班获北京市先进班集体，排名第 10

2011 年，2009 级理科实验班 6 班获北京市先进班集体，排名第 1

2012 年，2010 级理科实验班 2 班获北京市先进班集体，排名第 2

2014 年，2012 级理科实验班 6 班获北京市先进班集体，排名第 7

2015 年，2013 级理科实验班 4 班获北京市先进班集体，排名第 7

2016 年，2015 级理科实验班 5 班获北京市先进班集体，排名第 1

3. 校十佳班主任

2010 年，孙彩虹获十佳班主任提名

2011 年，柯媛元获十佳班主任，排名第 1

2012 年，许洁萍获十佳班主任，排名第 8

2013 年，张会平获十佳班主任，排名第 5

2014 年，柴云鹏获十佳班主任提名

2015 年，谢红获十佳班主任，排名第 1

2016 年，李锡荣获十佳班主任提名

2017 年，龚新奇获获十佳班主任，排名第 5

4. 校十佳辅导员

2016 年，黄斐然获评第一届“十佳辅导员”，排名第 2

2017 年，吴旭锋获评“十佳辅导员”，朱余韬获评“十佳辅导员”提名奖

5. 先进基层团支部

2015 年，2013 级理科实验 4 班团支部获评北京市级先进基层团支部

2017 年，2015 级理科实验 5 班团支部获评学校“五四”红旗团支部、北京市级先进基层团支部

6. 高校优秀辅导员

2016 年，专职辅导员杜忠朝获北京高校优秀辅导员

2018 年，专职辅导员张国富获全国高校辅导员年度人物提名